Facebook Marketing für Einsteiger

Mit Facebook Werbeanzeigen Reichweite, Vertrauen und Kunden gewinnen. Der richtige Auftritt auf Facebook für den Erfolg Ihres Unternehmens. Inklusive Schritt für Schritt Anleitung zur ersten Werbeanzeige.

Digital Academy

Inhaltsverzeichnis

Warum Facebook-Werbeanzeigen?

Das Jahr 2017 hat es gezeigt, Facebook und die anderen sozialen Netzwerke haben eine Bedeutung, die man nicht unterschätzen darf. Sowohl im Deutschen, als auch im amerikanischen Wahlkampf waren sie nicht nur ganz vorn dabei, sie halfen auch, effizient die Wähler zu erreichen, und die gewünschte Wirkung zu erzielen. Die Politik hat es vorgemacht, nun sollten wir Werbetreibenden folgen.

Nun sollte man sich als Unternehmen nicht immer und vor allem nicht direkt die Regierungen als Vorbild nehmen, doch mit Facebook und Co kann und muss man eine Ausnahme machen. Warum? Was ist mehr Marketing als ein Wahlkampf? Nicht aber handelt es sich dabei um Marketing pur, ein Wahlkampf trifft auch immer mehr auf Politikverdrossenheit, ebenso wie die Werbung auf immer mehr Abweisung stößt. Wenn aber ein Wahlkampf es schafft, damit die gewünschten Ergebnisse zu erzielen, dann schafft man das auf die gleiche Weise auch für das eigene Unternehmen.

Die Reichweite

Ein erfolgreicher Marketer hat natürlich mehr als nur einen Kanal für seine Werbebotschaft. Das ist in gleich mehrfacher Hinsicht vernünftig. So kann man auf verschiedenen Kanälen ein unterschiedliches Zielpublikum erreichen und unterschiedliche Arten von Werbung zu einer gemeinsamen Kampagne vereinen. Das ist richtig und das sollte so auch fortgesetzt werden. In dem Mix aus Kanälen und Werbung sollte man jedoch niemals die sozialen Netzwerke und vor allem nicht Facebook vergessen und sich ihrer ganz besonderen Wirkung bewusst sein.

Im Jahre 2017 haben monatlich mehr als 2 Milliarden Menschen Facebook mit ihrem eigenen Account besucht. Das ist fast ein Drittel der gesamten Bevölkerung dieses Planeten. Wichtiger ist, dass dabei mehr als eine Milliarde der Nutzer von ihrem Handy oder Tablet aus auf Facebook zugreifen. Diese Leute sind unterwegs und sie wollen etwas finden. Hier muss man sein Unternehmen bzw. Geschäft platzieren, denn Facebook ist die neue Laufkundschaft.

Auf Facebook melden sich jeden Tag mehr als 7000 neue Nutzer mit einem neuen Account an. In Deutschland haben bereits mehr als 30 Millionen Menschen ein Profil angelegt. Das ist mehr als ein Drittel der hiesigen Bevölkerung. Damit wird schnell klar, was früher einfach nur der Schaufensterbummel war, das ist heute das Surfen in den News auf Facebook.

Wichtig ist auf Facebook vor allem der Kontext, in welchem man sich präsentiert. Dort wird die Werbung nämlich nicht irgendwo dargestellt, wo niemand hinsieht. Sie befindet sich zwischen den Posts der verschiedenen Freunde, die man auf Facebook hat. Das bedeutet, die Nutzer sehen sich die Posts und dabei auch wirklich die Werbeanzeigen an.

Das Vorwissen

Was war der große Vorteil der früheren Ladengeschäfte? Jeder hatte selbst mal einen Schaufensterbummel erlebt und wusste, wie man die Kunden anlockt. Dann kam die Rundfunk- und Fernsehwerbung und alles wurde komplizierter. Mit Facebook wird das Ganze jedoch wieder einfacher. Die allermeisten von uns haben einen eigenen Account. Das bedeutet, wir selbst befinden uns fast täglich auf Facebook. Wir haben ein Gespür für die Plattform entwickelt und wir wissen, was geht. Das macht das Schalten von Werbeanzeigen so viel einfacher.

Das Handling

Auch hier hat Facebook wieder die Nase vorn. Während wir alle Google und Co benutzen, sind die Google Ads doch für viele abschreckend, weil unbekannt. Wer jedoch über ein Facebook-Profil verfügt, der kennt das Handling. Ebenso leicht, wie man ein Profil erstellt, kann man auch eine Seite für das Unternehmen, sozusagen dessen Profil, einrichten.

Anders ausgedrückt, mit Facebook verbinden sich weniger Berührungsängste, sodass sich die Anwendung fast von allein ergibt. Dank der App und den damit verbundenen Einstellungsmöglichkeiten, kann man die Unternehmensseite samt den Anzeigen, auch ganz einfach von unterwegs verwalten. Man ist also in der Anwendung in jeder Hinsicht sehr, sehr frei.

Das Profil und die Seite

Auch Facebook macht es einem hier unheimlich leicht. Profile sind in ihren Anwendungsmöglichkeiten eingeschränkt, denn es geht hier ausschließlich um die Selbstdarstellung. Wer jedoch Werbung betreiben möchte, braucht eine Seite und diese unterscheidet sich mehr in ihren erweiterten Möglichkeiten, denn in ihrem allgemeinen Aufbau. Das bedeutet, wer sein Profil wie ein Profi handhabt, der wird auch auf den Seiten absolut keine Probleme haben. Wer noch kein Profi für sein Profil geworden ist, wird sich ein wenig mehr umsehen müssen, doch auch hier ist die Umstellung weit weniger groß, als man das erwarten würde.

Die Interaktionen

Die meisten Kanäle, so wie eine Anzeige in einer Zeitung oder ein Werbespot im Fernsehen, sind zwei Dinge zugleich: eine Einbahnstraße und weit gestreut. Das bedeutet, die Nutzer von Facebook können mit der Anzeige nicht interagieren und die Werbung lässt sich kaum auf eine Zielgruppe fokussieren.

Facebook dagegen baut auf die Interaktion der Nutzer. Dadurch entwickelt das Unternehmen Facebook ein ziemlich genaues Bild von seinen Nutzern und damit kann man die eigene Werbung sehr gezielt genau den Menschen zeigen, für die sie bestimmt ist.

Nicht nur interagieren die Nutzer auf Facebook allgemein, sie können auch auf die Werbung reagieren. Das wiederum gibt dem Marketer auf Facebook die Chance, eine aktive Community aufzubauen, die dann von ganz allein die Bekanntheit des eigenen Unternehmens steigert.

Der Werbemanager

Ein weiterer sehr wichtiger Grund, sich für Facebook als Werbeplattform zu entscheiden, ist der Werbemanager. Dahinter verbirgt sich das Tool von Facebook, mit dem sich die gesamte Werbung einer Seite einfach und übersichtlich steuern lässt. Hier kann man sich anzeigen lassen, welche Kampagnen laufen, was sie kosten und man kann sie hier bearbeiten, pausieren oder erweitern.

Die Kosten

Werbung ist eine bezahlte Kunst des Schaltens von Anzeigen. Da macht auch Facebook keine Ausnahmen. Die Anzeigen werden bezahlt und das pro Einblendung. Die Kosten sind jedoch einfach planbar, denn sie lassen sich auf den Tag gerechnet einstellen. Weiterhin haben Erhebungen ergeben, dass richtig gute Anzeigen alle 10 Klicks eine Interaktion bzw. einen Verkauf bringen. Wenn man nun für den Klick ein Budget von einem Euro eingestellt hat, dann hat man alle 10 € etwas verkauft. Genauer lässt sich das kaum irgendwo anders planen.

Andererseits erlaubt dieses Wissen es auch, genau zu analysieren, was sich lohnt. Wenn man pro Verkauf Kosten von 10 € für die Werbeanzeigen einplanen muss, dann müssen die Dinge, die man verkauft, eben mehr pro Verkauf bringen.

Die Kosten- Nutzen-Abwägung

Vor allem kleine Unternehmen profitieren von Facebook, weil sich hier die Werbeanzeigen sehr genau auf die Region, die Zielgruppe und Zeit, an der sie gezeigt wird, einstellen lässt. Das bedeutet, man verschwendet keine Mittel darauf, eine desinteressierte, breite Öffentlichkeit zu erreichen, sondern wendet sich mit den Anzeigen genau an die Leute, die am wahrscheinlichsten an dem Angebot interessiert sind.

Die Nutzer können mit den Anzeigen interagieren, indem sie zum Beispiel auf „like" klicken. Das aber wird sofort für alle sichtbar. Was der eine liked, das wird seinen Freunden gezeigt. Zugleich kann jeder, der auf die Seite des Unternehmens geht, feststellen, wie viele Likes das Unternehmen bzw. die Werbeanzeige bereits bekommen hat. Je größer deren Anzahl, desto stärker ist das Vertrauen der potenziellen Kunden in das Angebot.

Verglichen mit anderen Plattformen

Der große Vorteil von Facebook ist, dass die Werbeanzeigen im Newsfeed zwischen den Posts von Freunden eingebunden werden. Sie befinden sich also genau zwischen den Inhalten, auf die es den Nutzern von Facebook ankommt.

Twitter

Die Werbung auf Twitter ist für die Nutzer eher nervig. Die Anzeigen befinden sich zwischen den Tweets, haben keine Beschreibung oder die Beschreibung ist kurz und nicht aussagekräftig, und vor allem sind die Anzeigen oftmals für den jeweiligen Nutzer nicht relevant. Das liegt daran, dass Twitter zwar seine Inhalte kennt, doch nicht die Interessen der Nutzer. Damit ist es nicht möglich, die Anzeigen ganz gezielt Leuten zu zeigen, die auch ein Interesse an dem Angebot haben.

Google

Auf Google kann man gleich in doppelter Hinsicht aktiv werden. Das Erste ist das sogenannte SEO-Marketing. SEO bedeutet Search Engine Optimization. Das bedeutet, man präsentiert Texte auf seiner eigenen Homepage, die Google als Suchmaschine gefallen, und hofft, dass Google das merkt und das eigene Ranking in einer Suchliste verbessert. Alternativ kann man mit Google Ads arbeiten und seine Anzeigen gegen Bezahlung platzieren.

Die Nachteile bei Google sind jedoch auch doppelt. SEO-Kampagnen brauchen eine lange Zeit, bis sie Ergebnisse zeigen. Die Schaltung von Anzeigen gegen Bezahlung ist zwar sehr gezielt möglich, verglichen mit Facebook, sind die Kosten jedoch auf Dauer größer.

Zwischenfazit

Facebook bietet eine sehr effektive Möglichkeit, die Werbeanzeigen des Unternehmens zu schalten. Das bedeutet, dass die bezahlten Anzeigen tatsächlich den Nutzern gezeigt werden, die sich am wahrscheinlichsten dafür interessieren, und dass die Kosten sich in einem erträglichen Rahmen halten. Dazu kommen die Interaktionen, die die Reichweite, Glaubwürdigkeit und damit ultimativ auch die Überzeugungskraft der Anzeigen noch steigern können.

Ein Überblick für Anfänger

Bevor wir uns im Detail an die einzelnen Punkte für das Schalten von erfolgreichen Werbeanzeigen auf Facebook heranwagen, sollten wir ein paar Punkte vorab besprechen. Wer das Gesamtbild versteht, hat es einfacher, die Details richtig zu erfassen, und dann auch entsprechend anzuwenden.

Facebook-Anzeigen sind eine Form der bezahlten Werbung. Nun kann man natürlich auch meinen, dass die organische Reichweite sehr wichtig ist. Wie entsteht diese jedoch? Man lädt seine Freunde ein, auf die Seite zu gehen und auf „Like" zu klicken und dann hofft man, dass deren Freunde das sehen und das Gleiche tun. Jeder, der einmal auf „Like" geklickt hat, sieht dann die neuesten Nachrichten, die das Unternehmen auf seiner Seite bekannt gibt und, sofern diese geliked werden, verbreiten sich diese weiter. Soweit die Theorie. Die Praxis sieht jedoch anders aus.

Die wenigsten Freunde werden auf der eigenen Seite den „Like"-Button anklicken, nur, weil sie dazu eingeladen wurden, und kaum jemand wird die Nachrichten des Unternehmens beachten. Diese gehen einfach in der Flut der Posts unter. Und hier hat auch noch Facebook etwas nachgeholfen. Das Unternehmen hat seinen Algorithmus verändert, und nun sehen die potenziellen Kunden noch weniger von den Posts des Unternehmens. Als Alternative bleiben nur die bezahlten Anzeigen, die sich jedoch einer großen Reichweite erfreuen.

Was sind Facebook-Werbeanzeigen?

Facebook-Werbeanzeigen sind Anzeigen von Unternehmen, die eine Seite auf der Plattform eingerichtet haben. Sie bestehen aus Inhalten, die das Unternehmen bzw. seine Produkte zeigen, und sie werden für ihre Reichweite, also die Anzahl potenzieller Kunden, die sie zu sehen bekommen, bezahlt.

Die Anzeigen können im Newsfeed oder auf der rechten Seite gezeigt werden. Das Unternehmen, das die Anzeige schaltet, kann dies auswählen. Weiterhin kann das Unternehmen eine Zielgruppe bestimmen und die Werbung so gestalten, dass sie zu Interaktionen einlädt.

Facebook wiederum sammelt Daten über seine Nutzer, sodass es diese und ihre Interessen kennt. Daher können die Anzeigen sehr gezielt tatsächlich genau den Nutzern

gezeigt werden, die zumindest grundsätzlich ein Interesse an dem Angebot haben. Damit lässt sich die Wirkung der Werbung maximieren.

Die wichtigsten Strategien

Werbung braucht, um erfolgreich zu sein, die richtige Strategie. Auf Facebook sind dies vor allem drei Herangehensweisen, die nicht einfach nur über Erfolg oder Nichterfolg der Anzeige entscheiden, sondern vielmehr dazu geeignet sind, die Wirkung zu optimieren.

Die Zielsetzung

Das Wichtigste für jede Werbeanzeige auf Facebook ist es, das richtige Ziel zu verfolgen. Eine Werbeanzeige dient nicht einfach nur dem Verkauf, sie dient auch dazu, die Bekanntheit des eigenen Unternehmens oder der eigenen Marke zu steigern. Dafür ist es mitunter nötig, Videoaufrufe und andere Handlungen zu bewirken. Das bedeutet, dass man bei der Erstellung der Anzeige und der Einstellung des Budgets zuerst einmal genau festlegen muss, was man damit erreichen möchte. Jeder Anbieter muss zuerst bekannt sein, bevor er etwas verkaufen kann. Darum sollte man nicht gleich damit beginnen, Verkaufswerbung zu machen, sondern eine Community aufzubauen. Dann kann man innerhalb der Community versuchen, Verkaufszahlen zu erreichen.

Die Zielgruppe

Der größte Vorteil von Facebook ist es, dass man ganz gezielt die Nutzer, die die Anzeige zu sehen bekommen, über deren demografische Merkmale, Alter, Beruf, Wohnort, und über deren Interessen auswählen kann. Daher ist es unheimlich wichtig, noch vor dem Schalten der Anzeige, festzustellen, für wen sich das eigene Angebot am meisten eignet. Die Genauigkeit der Zielgruppe kann man dann im Weiteren steigern, indem man leichte Veränderungen an den Einstellungen vornimmt. Dabei ist es jedoch immer sehr wichtig, die Zielgruppe so präzise wie möglich, einzugeben.

Immer frische Anzeigen

Anzeigen müssen wiederholt gesehen werden, um zu wirken. Umgedreht jedoch bewirkt die Werbemüdigkeit, dass Anzeigen ignoriert werden. Wie bringt man das nun zusammen? Man verbindet die gleiche Werbebotschaft mit einem immer neuen Auftritt. Wer immer die gleichen Anzeigen schaltet, der langweilt nicht nur die Nutzer von Facebook, der wird auch von Facebook dafür bestraft. Wenn die Nutzer eine Anzeige langweilig finden, klicken sie sie nicht mehr an und daraufhin erhöht Facebook die Cost per Click, die CPC oder zu Deutsch, die Kosten pro Klick. Das bedeutet, dass es immer teurer wird, wenn jemand auf „Like" klickt oder einen Kommentar schreibt bzw. sich auf der Seite des Unternehmens durchklickt.

Ein Leitfaden in einfachen Schritten

Eine Werbeanzeige schaltet man auf Facebook nicht einfach ins Blaue hinein oder aus einer Laune heraus. Dazu bedarf es etwas Vorbereitung und das richtige Vorgehen. Daher haben wir hier einen kurzen Leitfaden zusammengestellt, der eine erste, einfache Anleitung in wenigen Schritten darstellt. Die Schritte werden dann in den nachfolgenden Kapiteln weiter erläutert.

Der erste Schritt: die Seite des Unternehmens

Ein Profil erlaubt es, Posts auf Facebook einzustellen. Ein Post ist jedoch keine Anzeige und vor allem lässt sich damit keine Reichweite kaufen. Was stattdessen gebraucht wird, ist eine eigene Seite für das Unternehmen.

Um eine Seite auf Facebook anzulegen, braucht man zuerst einen Administrator. Dazu nutzt man entweder ein bereits bestehendes Profil oder legt sich ein neues Profil an. Über dieses Profil erstellt man dann die Seite. Damit ist dieses Profil automatisch der Administrator für die Seite. Man kann später über die Einstellungen weitere Profile als Administratoren einstellen und für jeden neuen Administrator festlegen, was dieser auf der Seite machen darf.

Für die Seite sollte man alle Informationen vollständig, korrekt und so genau wie möglich eingeben. Dazu braucht die Seite auch ein Profilbild und ein Coverfoto. Das bedeutet, dass man sich hier schon im Vorfeld genau seinen Auftritt überlegen muss, damit man dann auch entsprechend auf die Nutzer von Facebook wirkt.

Der zweite Schritt: die Ziele für die Werbeanzeigen

Ziele sind unheimlich wichtig. Sie erlauben es erst, eine Strategie festzulegen und sie erlauben es auch, festzustellen, ob man mit der Strategie erfolgreich war. Gute Ziele folgen dem SMART-System. Das bedeutet, sie sind S für „Specific". Sie müssen also präzise formuliert werden, damit man davon eine Handlung bzw. Vorgehensweise ableiten kann. Weiterhin müssen sie M für „Measurable" sein. Nur wenn man sie messen kann, lässt sich auch ein Erfolg positiv feststellen. Dann geht es weiter mit A für „Attainable", also, dass die Ziele auch tatsächlich erreichbar sind. R steht für „Relevant". Die Ziele müssen für das eigene Unternehmen von Bedeutung sein. Am Ende kommt noch das T für „Time Based", also mit einem Zeitrahmen versehen.

Ein Beispiel: Wir richten die Seite des Unternehmens ein. Wer jetzt als Ziel formuliert, das Unternehmen mehr bekannt zu machen, der geht nicht nach dem SMART-Prinzip vor, denn mehr bekannt machen, ist weder Specific, noch Measurable und es fehlt auch noch der Zeitrahmen. Besser ist es, als Ziel zu formulieren, dass man die Anzahl der „Page Likes" um 100 innerhalb der nächsten 7 Tage steigern möchte. Damit ist das Ziel spezifisch genug, 100 „Page Likes". Dazu ist es Measurable, denn es lässt sich leicht ablesen, ob die 100 weiteren „Page Likes" auch erzielt wurden. Weiterhin ist das Ziel erreichbar, also Attainable und relevant, denn die Likes können per Anzeige für die Seite innerhalb einer Woche durchaus beschafft werden und sie bringen mehr Bekanntheit. Zu guter Letzt ist mit den 7 Tagen auch gleich ein zeitlicher Rahmen gegeben.

Der dritte Schritt: das Definieren der Zielsetzung

Wenn nun die eigenen Ziele festgelegt sind, muss man auch auf Facebook diese noch einmal definieren. Dazu hält der Facebook-Ad-Manager die nötigen Einstellungen bereit. Dort kann man dann das Ziel als Besuche im Geschäft oder einen Blog definieren. Das erlaubt es dann später, den Erfolg der Kampagne genau abzulesen.

Der vierte Schritt: die Zielgruppe und das Werbebudget

Hier lässt sich nun einstellen, wem genau die Anzeige gezeigt werden soll. Dazu kann man zum Beispiel das Alter, Geschlecht und den Wohnort der Nutzer eingeben oder aber die Anzeige allen Nutzern zeigen lassen, die die Page geliked haben oder eine andere der vielen Möglichkeiten auswählen.

Im gleichen Schritt lässt sich das Budget für die Anzeige einstellen. Dazu liefert Facebook auch gleich eine Einschätzung, wie viele Leute man mit dem Budget erreichen wird. Das ist jedoch nur eine Schätzung und keine Garantie.

Der fünfte Schritt: der Look

Jetzt geht es an die Inhalte. Hier lassen sich Bilder, Videos, Slideshows, Titelzeilen, Lauftexte und andere Dinge eingeben. Der Titel ist auf 25 Zeichen begrenzt. Dazu kommen noch 90 Zeichen für den Begleittext. Es kommt also darauf an, sich kurzzufassen, und einprägsam zu sein. Dann gibt man noch ein, wo die Anzeige platziert werden soll.

Der sechste Schritt: die Anzeige aufgeben

Sobald die Anzeige inhaltlich aufbereitet ist, wird es Zeit, sie aufzugeben. Dafür klickt man auf den Button „Bestellung aufgeben" in der rechten unteren Ecke. Daraufhin geschieht zweierlei. Als Erstes kommt eine E-Mail von Facebook, die bestätigt, dass die Anzeige aufgegeben wurde. Zugleich prüft Facebook die Anzeige, bevor sie genehmigt wird. Damit soll sichergestellt werden, dass nichts beworben wird, das nicht auf Facebook gehört.

Der siebte Schritt: der Bericht

Um im Marketing erfolgreich zu sein, ist es auch wichtig, zu wissen, was eine Anzeige bewirkt. Im Anzeigenmanager befinden sich die nötigen Tools, um die Anzeige bzw. ihren Erfolg auszuwerten. Dazu kann man sich entweder direkt den Standardreport anzeigen lassen, der alle wichtigen Daten der letzten 30 Tage enthält oder man kann die angezeigten Werte dem eigenen Geschmack bzw. den eigenen Bedürfnissen anpassen.

Wichtige Änderung 2018

Für neue Nutzer der Facebook-Werbeanzeigen, die sich von alten Hasen anleiten lassen, und für die alten Hasen gibt es eine sehr wichtige Änderung mit dem Facebook-Update von 2018. Hierbei geht es besonders um das Clickbaiting.

Jeder Marketer ist natürlich darauf aus, eine aktive Community, und eine immer größere Reichweite aufzubauen. Demgemäß wurden in der Vergangenheit immer wieder Clickbaits geschaltet. Dabei handelt es sich um Anzeigen, die die Nutzer dazu aufforderten, einen Post zu liken, zu teilen und einen Freund zu markieren. Diese Art der Anzeigen verstößt jedoch gegen die Regeln von Facebook.

War der Verstoß gegen die Facebook-Regeln bisher kein so großes Problem, ergibt sich seit der Änderung des Algorithmus jedoch eine neue Situation. Sobald die Software ein Clickbaiting erkennt, wird die Anzeige herabgestuft und damit nur noch wenigen Nutzern gezeigt. Anstatt also mit dem Clickbaiting Reichweite zu gewinnen, verliert man diese, während zugleich alle Aktionen auf der Anzeige zu vermehrten Kosten führen.

Die eigene Seite

Viele werden bereits ein Profil bei Facebook haben. Ein Profil ist jedoch gut und schön, um sich selbst darzustellen. Darum aber geht es nicht, wenn man Werbung für ein eigenes Unternehmen machen möchte. Dort wird man um eine eigene Seite nicht herumkommen.

Warum eine Facebook-Seite?

Eine Facebook-Seite zu erstellen, bringt nicht nur Vorteile, es ist auch eine Frage der Regeln von Facebook. So ist es ein Verstoß gegen die Nutzungsbedingungen, wenn jemand ein Profil benutzt, um etwas anderes damit zu erreichen, als sich selbst darzustellen. Anders ausgedrückt, Profile sind für Leute. Wer dagegen verstößt, kann sogar dauerhaft gesperrt werden.

Für das Unternehmen bietet ein Profil viele Vorteile und diese bestehen in der Hauptsache in den vielen zusätzlichen Funktionen, mit denen die Seite verwaltet, die Kunden erreicht und das Unternehmen dargestellt werden kann.

Eine Seite bietet Informationen über die Besucher. So kann man dort herausfinden, wie alt diese sind, wo sie sich befinden, welche Beiträge sie gesehen haben und noch viel mehr. Über die Einstellungen der Seitenrollen können auch andere Nutzer, so sie ein Profil auf Facebook haben, zu einem Administrator der Seite werden oder dort andere Funktionen übernehmen. Das bedeutet, man kann bestimmen, wer was darf und welche Funktion hat. So können andere Menschen bei der Verwaltung der Seite helfen, ohne dass man ihnen dabei zugleich einen Zugriff auf alle Funktionen geben muss.

Eine Seite erlaubt des Weiteren, Werbung zu betreiben, und Werbeanzeigen zu schalten. Hier ist der Hauptpunkt für uns. Keine Seite, keine

Werbeanzeigen. Dabei müssen aber die Seite und die Anzeigen Hand in Hand gehen, denn die Werbeanzeigen können nicht nur von der Seite aus geschaltet werden, sie bringen die Nutzer von Facebook auch auf diese Seite. Wenn die Werbeanzeige gut, aber die Seite schlecht ist, wird sich damit kein Erfolg erreichen lassen.

Das Einrichten der Seite

Das Einrichten geht schnell und ist vor allem nicht schwer. Schon innerhalb von wenigen Minuten kann man von seinem Computer oder seinem Mobilgerät aus die Seite einrichten.

Der Name der Seite

Das Erste, was die Seite braucht, ist ein Name und sind ein paar weitere Informationen zu dem Unternehmen, welches auf der Seite dargestellt werden soll. Der Name der Seite muss dessen Inhalt widerspiegeln. Hier ist auch zu beachten, dass nur autorisierte Vertreter eines Unternehmens eine Seite für dieses Unternehmen einrichten dürfen.

Der Name darf keine Begriffe oder Worte enthalten, die missbräuchlich sind oder die unter Umständen die Rechte einer anderen Person verletzen. Ebenfalls sollte der Name korrekt geschrieben werden und nur Abkürzungen ist es erlaubt, ausschließlich aus Großbuchstaben zu bestehen. Weiterhin muss der Name kurz sein. Das bedeutet, es darf kein Slogan hinzugefügt und keine Beschreibung enthalten sein. Diese kann man im Bereich „Info" später noch eingeben.

Der Seitenname sollte auch nicht irreführenderweise wie eine andere Marke klingen und darf nicht allgemeiner Natur, so wie „Schuhe" oder „Berlin" sein. Wenn die Seite das Thema Schuhe oder Berlin behandelt, dann gehört das unter die Infos und nicht in den Namen.

Über das Unternehmen muss man dann seinen Standort, seinen Arbeitsbereich, Kontaktinformationen, die Webseite und noch vieles mehr eintragen. Man sollte also mit dem Erstellen erst beginnen, wenn das Unternehmen als solches steht und diese Informationen auch vorhanden sind.

Das Profil- und das Titelbild

Ein Unternehmen braucht direkt am Anfang zwei Bilder. Dabei sollte man auch wissen, dass diese zwar vollständig angezeigt werden, wenn man auf sie klickt, doch ein bestimmtes Format haben, solange sie nicht angeklickt werden. Das Profilbild gleicht in seinem Format dabei einem Quadrat, während das Titelbild nur einen flachen, dafür aber weiten Ausschnitt zeigt. Da ein neuer Nutzer wahrscheinlich nicht das Titelbild anklickt, sollte es so gehalten sein, dass alle wichtigen Dinge in diesem flachen Ausschnitt zu sehen sind.

Das Profilbild kann gern das Logo des Unternehmens oder eine Abbildung von dessen Gründer sein. Das Titelbild kann zum Beispiel eine Aufnahme des Geschäftsgebäudes sein oder eine Darstellung des Teams.

Call to Action

Werbung ist nur dann erfolgreich, wenn sie den Nutzer zu einer Handlung bewegt. Damit dieser jedoch eine Handlung vornehmen kann, braucht er eine entsprechende Möglichkeit dazu. Hierzu gibt es den sogenannten Call to Action Button. Dies kann ein Besuch auf der Webseite sein, ein Anruf im Unternehmen oder etwas anderes. Wichtig ist, dass diese Funktion im Call to Action Button enthalten ist.

Die Veröffentlichung

Während das Erstellen der Seite an sich einfach ist und in Minuten erledigt werden kann, muss man aber dabei nicht hetzen. Solange man die Seite nur erstellt, ist sie nicht von anderen Nutzern einsehbar. Das hat den großen Vorteil, dass man sich wirklich alles genau überlegen kann. Es hat aber auch den Nachteil, dass der eine oder andere vergisst, einen sehr wichtigen Button anzuklicken. Der Button heißt „Seite veröffentlichen". Nur wenn man darauf klickt, wird die Seite nach einer kurzen Prüfung für alle Nutzer einsehbar. Auch noch nach der Veröffentlichung können die Details und Informationen auf der Seite geändert werden.

Die ersten Posts

Eine Seite auf Facebook und die Werbung dort soll zu allererst Vertrauen in das Unternehmen wecken. Eine leere Seite jedoch vermag das nicht. Daher ist es wichtig, noch vor der ersten Werbung, ein paar Posts einzustellen. Die sollten Neuigkeiten des Unternehmens, Sonderangebote und dergleichen sein. Werbung lohnt sich dann erst, wenn schon eine gewisse Menge an Inhalten vorhanden ist.

Messages

Es ist wichtig, niemals zu vergessen, dass es bei Facebook auch immer um die Interaktion geht. Daher sollte man auch gleich am Anfang das Messaging aktivieren und immer seine Nachrichten überprüfen. Natürlich steigt die Chance auf Nachrichten erst so richtig, nachdem die ersten Werbeanzeigen geschaltet sind.

Die Seite und die Werbung für das Unternehmen auf Facebook dienen in erster Linie dazu, Leads zu gewinnen und dazu gehört natürlich auch, eine Beziehung mit den Nutzern aufzubauen. Das Messaging ist dafür der natürlichste Weg, versenden doch mehr als eine Milliarde Facebook Nutzer zumindest eine Nachricht pro Monat.

Das Messaging bietet den Nutzern und dem Unternehmen die Chance, sich sofort und einfach, ohne extra Kosten oder Stress, zu unterhalten. Ein Anruf wird oft als Belastung wahrgenommen, weil der Anrufende oft nicht weiß, was er sagen soll und der Angerufene oft durch den Anruf in seiner Tätigkeit unterbrochen wird. Hier bietet das Messaging eine sanfte Alternative, da sich eine Anfrage ohne Druck formulieren lässt und der verantwortliche Mitarbeiter im Unternehmen dann antworten kann, wenn er Zeit dazu hat. Hier sollte man jedoch nicht den Fehler begehen, zu lange zu warten, denn im heutigen Zeitalter erwarten die Menschen die Antworten innerhalb von Stunden, nicht von Tagen.

Wer Sofortnachrichten nutzt, kann für jede Anfrage eine automatische Antwort definieren und damit den Eingang bestätigen und den anderen begrüßen. Danach kann dann immer noch eine konkrete Antwort auf die Anfrage formuliert werden.

Wichtig ist beim Messaging, jedem Nutzer die richtige Nachricht zu schreiben. Diese sollte die Informationen, nach denen gefragt wurde, enthalten und gegebenenfalls örtliche oder fallspezifische Besonderheiten ansprechen.

Ist das Unternehmen, zum Beispiel am Wochenende, nicht erreichbar, sollte eine automatische Antwort auf eine Anfrage auf diesen Umstand hinweisen und die Zeit benennen, wann der andere mit einer Antwort rechnen kann. Natürlich weiß jeder, dass es Geschäftszeiten gibt, doch das höfliche Unternehmen siegt.

Der richtige Auftritt

Eine Seite allein ist aber noch nicht alles. Auch die Werbung zur Seite ist nicht das Ende aller Dinge. Es kommt darauf an, die Seite auf Facebook so zu gestalten, dass sich die Werbeanzeigen lohnen. Sie locken nämlich jemand auf die Seite des Unternehmens, sei es im Internet oder sei es auf Facebook. Dementsprechend muss die Präsentation auf der Seite in der Lage sein, diesen ersten Erfolg, das Kommen auf die Seite, umzuwandeln und aus dem Besucher einen Kunden zu machen.

Die offensichtlichste Gestaltung der Seite auf Facebook sind die Beiträge. Diese Beiträge müssen den Besuchern etwas bieten, eine Information, ein Gefühl, ein Interesse muss geweckt bzw. befriedigt werden. Dafür kann man das Unternehmen, sein Team, seine Ziele und Visionen und seine Neuigkeiten benutzen. Alles muss darauf ausgerichtet sein, nicht einfach nur ein positives Bild zu entwerfen, sondern Vertrauen zu wecken und vor allem, im Gedächtnis zu bleiben.

Updates

In jedem Unternehmen tut sich etwas. Es werden neue Leute eingestellt, neue Kunden erreicht, neue Produkte oder neue Dienstleistungen angeboten und das ist nur ein kleiner Ausschnitt des Möglichen. All diese Updates geben einen Blick in das Unternehmen, machen es offen und ehrlich und mit einem Wort: liebenswert. Das Unternehmen wird zu einem Kumpel, zu einem Nachbarn, zu einem Freund. Das Ergebnis ist, die Besucher auf der Seite vertrauen dem Unternehmen und sind auch gern bereit, die Angebote zu einem ehrlichen, nicht Discountpreis wahrzunehmen. Darum gehören alle Updates und Geschichten aus dem Inneren des Unternehmens als Beitrag auf die Seite bei Facebook.

Besondere Beiträge

Updates allein wären auf Dauer jedoch zu technisch und langweilig. Es ist wichtig, sie mit besonderen Beiträgen aufzulockern. Diese bieten besondere Aufhänger und Auflockerungen.

Besondere Beiträge können spezielle Episoden aus dem Betriebsalltag oder auch nicht alltägliche Begebenheiten, zum Beispiel ein Betriebsausflug oder ein Hund, der sich in das Büro verirrt hat, zum Gegenstand haben. Ganz besondere Aktionen, wie zum Beispiel der Besuch einer wichtigen Persönlichkeit oder ein spezielles Event, sollten auch am Anfang der Seite fixiert werden.

Sonderangebote

Sobald es einen besonderen Rabatt oder ein spezielles Angebot gibt, sollte dieses auch auf die Seite gestellt werden. Dazu können Videos und Bilder mehr Auskunft über den Rabatt bzw. die Aktion bieten. So könnten „zwei-zum-Preis-von-einem-Aktionen" mit Videos vorgeführt und erläutert werden.

Anleitungen und Erklärungen

Bietet das Unternehmen kompliziertere Produkte oder Dienstleistungen, die mehr Erklärungen und Anleitungen benötigen, lassen sich diese gern als Video und Bildershows ausführen. Ebenso können neue Ideen zum Gebrauch der Produkte einen ansprechenden Mehrwert bilden. Alles, was den Service oder das Produkt des Unternehmens mehr Gehalt verleiht, ist hier willkommen.

Immer aktuell

Oftmals ist der Inhaber des Unternehmens oder einer der Manager unterwegs. Hier können mit der App auf die Schnelle spezielle mobile

Beiträge, die man auch gern so bezeichnen kann, erstellt werden. Das vermittelt Nähe und Lebendigkeit des Unternehmens.

Ein Bild sagt mehr als 1000 Worte

Es ist einfach eine Tatsache, dass Beiträge ohne Bilder einfach nicht wahrgenommen werden. Die Leute auf Facebook wollen etwas fürs Auge, das bedeutet, es müssen gute Bilder und Videos gepostet werden.

Den Anfang macht das Profil- und Titelbild. Beide müssen das Unternehmen repräsentieren und einladend aussehen. Es geht darum, den Besucher auf der Seite und das Unternehmen in seinem Gedächtnis zu behalten.

Profil- und Titelbild müssen vor allem zu einem Wiedererkennungseffekt führen. Der Besucher soll sich später, wenn er das Logo wieder sieht oder von dem Unternehmen in einem anderen Zusammenhang erfährt, immer an die Seite und die Bilder des Unternehmens erinnern.

Die Bilder müssen auffällig sein, um zum einen das Interesse zu wecken und sich zum anderen von all den anderen Bildern, die ein Nutzer zu sehen bekommt, abheben. Hier ist es wichtig, wenn man ein Bild macht, immer mehrere Bilder zugleich zu schießen, um eine Auswahl zu haben. Der Eindruck auf dem Bild ist nämlich oft ein anderer als der vor Ort.

Mobilgeräte

Es ist leicht, ein Foto zu erstellen. Man nimmt sein Handy, schießt das Bild und lädt es hoch. Dazu kommt noch ein kleiner Text. Das ist aber nicht alles. Bevor man das Bild hochlädt, muss man es sich unbedingt zuerst auf seinem Handy anschauen. Die wichtigste Klientel von

Facebook ist mobil unterwegs. Das bedeutet, das Bild muss auf einem Handy gut aussehen. Auch nach dem Hochladen sollte man sich das Bild bzw. den Post noch einmal anschauen. Es geht darum, zu sehen, ob die Qualität und der Kontext richtig dargestellt sind.

Einfach ist Trumpf

Es muss kein Hollywoodfilm und keine aufwendige Fotoproduktion sein. Man braucht keine Unmengen an Personen und Dingen. Es ist wichtig, kundennah und authentisch zu sein. Das bedeutet, ein einfaches Bild, welches die Realität widerspiegelt, ist sehr viel wirkungsvoller als ein gekünstelter Hollywoodauftritt.

Die Drittelregel und Perspektiven

Wenn man ein Motiv in den Vordergrund stellen möchte, ohne dass das Bild den Nutzer erschlägt, ist es besser, sich an die Drittelregel zu halten. Dazu setzt man das Bild nicht in die Mitte, sondern mehr an eine der Seiten bzw. dem unteren oder oberen Rand. Das Motiv sollte dann von dieser Seite bzw. dem Rand ausgehend zwei Drittel des Bildes ausfüllen.

Weiterhin ist es wichtig, große und kleine Dinge in einem Bild zu kombinieren. Das macht es insgesamt einladender. Auch sollte ruhig mit verschiedenen Perspektiven gearbeitet

werden. Das gilt sowohl direkt für die Blickwinkel, als auch dafür, was in den Vorder- oder Hintergrund gehört.

Die Layouts

Oftmals werden mehrere Gegenstände oder Dinge auf einem Bild gezeigt. Hier sollte man ruhig mit verschiedenen Anordnungen experimentieren, um zu sehen, womit sich die größte Wirkung erzielen lässt.

Fokus, Farben, Licht und Schatten

Bilder zeigen selten nur einen Gegenstand oder eine Person. Daher ist es immer wichtig, den Fokus auf ein Motiv zu schaffen. Dazu kommt das Spiel mit Licht und Schatten, die mit ihrem Kontrast die Bedeutung oder die Darstellung eines Hauptmotivs noch unterstreichen. Das Gleiche gilt auch für die Kombination von verschiedenen Farben.

Die Werbeanzeigen

Eine Werbeanzeige auf Facebook ist ein bezahlter Beitrag, mit dem das Unternehmen eine Botschaft an die Nutzer von Facebook sendet. Die Werbeanzeige unterscheidet sich damit von einem normalen Post, indem sie etwas, die Botschaft, an die Nutzer übermittelt, mittels derer sich das Unternehmen darstellen möchte. Zugleich wird die Reichweite, das bedeutet, die Menge der Personen, die die Anzeige sieht, über die Bezahlung erhöht. Es geht also darum, gegen Geld Nutzer zu erreichen, um ihnen eine zweckdienliche Mitteilung zu übersenden.

Eine Werbeanzeige muss verschiedenen Kriterien gerecht werden. Sie muss als solche einen Zweck erfüllen, also effektiv sein, und möglichst viele Leute für einen möglichst geringen Preis erreichen, also effizient sein.

Das Ziel der Werbung

Eine Anzeige dient einem Zweck und dieser Zweck ist das Werbeziel. Auf Facebook gibt es für das Ziel viele Einstellungen und die Werbeanzeigen funktionieren dann am besten, wenn man sie für sich selbst am besten definiert und sie auf Facebook beim Erstellen der Anzeige richtig einstellt.

Ein typisches Ziel ist das Erregen von Aufmerksamkeit. Das bedeutet, dass Unternehmen soll bekannter werden. Die Leute sollen darauf aufmerksam gemacht werden und das Unternehmen soll ihnen im Gedächtnis bleiben, damit sich daraus dann später eine Kaufentscheidung entwickelt.

Für das Erregen von Aufmerksamkeit bietet Facebook drei verschiedene Ziele bei der Erstellung der Anzeige. Das Erste ist die Markenbekanntheit, das Zweite ist die Reichweite und das Dritte, die Videoaufrufe. Die Markenbekanntheit zielt darauf ab, die Marke des Unternehmens einfach nur in das Bewusstsein der Leute zu bringen. Die Reichweite zielt darauf ab, mehr und mehr Leute mit der Werbung zu erreichen und die Videoaufrufe sind ein gutes Mittel, um Informationen über das Unternehmen zu verbreiten.

Ein weiteres Ziel ist das Erreichen von Interaktionen. Dadurch wird erreicht, dass Nutzer, die noch keine Kunden sind, die eigene Seite genauer anschauen, sie verfolgen und immer wieder mit ihr interagieren, indem sie eine App installieren. Weiters, dass sie Links auf der Seite oder in den Posts anklicken, innerhalb der App eine Interaktion vornehmen, sich eintragen und damit ein Lead werden, selbst Beiträge schreiben, an Veranstaltungen teilnehmen, Angebote aufrufen oder sich einfach ein Video oder eine Slideshow ansehen. Jede dieser Interaktion kann dabei helfen, den Nutzer in einen Kunden zu verwandeln oder aber von dessen Freunden gesehen zu werden, und dann diese zu einem näheren Kontakt zu bewegen, bzw. aus ihnen einen Kunden zu machen.

Ein weiteres Ziel kann darin bestehen, nicht einfach nur Interaktionen zu bringen, sondern bestehende Interaktionen zu steigern. Hierbei geht es um die sogenannten Conversions, bei denen die Nutzer entweder einen Kauf vornehmen oder etwas tun, welches indirekt zu einem Verkauf führt. Das kann im Download einer App, in einer Bestellung aus einem Katalog oder einem Besuch im Geschäft bestehen.

Das Format

Werbeanzeigen bestehen aus Bildern und Texten. Wie diese genau gestaltet sind, wie groß, wie viele Zeichen bzw. wie viele Bilder, all das hängt von dem Werbeziel, welches man bei Facebook angibt, ab. Das bedeutet auch hier wieder, dass man nicht einfach nur selbst sein Ziel kennen muss, sondern dass es auch wichtig ist, dieses Ziel gegenüber Facebook richtig auszuwählen.

Die Zielgruppe

Zielgruppen sind in ihrer Wichtigkeit im Marketing kaum zu überschätzen. Die Zielgruppe ist die identifizierbare Gruppe aus der Gesamtbevölkerung, die am wahrscheinlichsten das Angebot des Unternehmens wahrnehmen wird. Damit sich die Werbung auch tatsächlich an die Gruppe richtet, die am Ende zu einem Kunden wird, muss diese im Vorfeld so genau wie möglich bestimmt und dann auf Facebook ebenso genau definiert werden, damit die kostenpflichtige Anzeige nicht sinnlos denjenigen gezeigt wird, die mit dem Angebot überhaupt nichts anfangen können.

Die Kosten

Die Kosten für die Marketingkampagne auf Facebook sind für jede Anzeige selbst einstellbar. Damit hat man es immer in der Hand, welche Mittel man investiert. Man kann dabei

einen Betrag von einem Euro pro Tag oder 10.000 € die Woche einstellen. Für die Plattform ist dies kein Problem.

Die Kosten richten sich nach einigen Faktoren. Der Wichtigste ist die Reichweite. Je mehr Menschen die Anzeige sehen sollen, desto mehr muss man investieren. Dazu kommen aber noch Mindestkosten für bestimmte Formate und Kosten für Aktionen.

Von den Mindestkosten für bestimmte Anzeigentypen abgesehen, bestimmt man sein investiertes Budget, indem man einen Gesamtbetrag festlegt und einstellt, wie viel für jede einzelne Aktion, die man als Ergebnis definiert hat, bezahlt wird. Ersteres ist direkt das Budget, welches man einstellt, und Letzteres das Gebot für das Ergebnis. Mitunter bereitet es jedoch Schwierigkeiten, die richtige Höhe für das Gebot zu finden. Das ist vor allem bei Anfängern der Fall. Hier hat jedoch Facebook eine Hilfe eingebaut. Man kann sich dort seine Gebotshöhe automatisch einstellen lassen. Das Budget wird dann gleichmäßig über die eingestellte Laufzeit und die Höhe der Kosten pro Ergebnis verteilt.

Die Vorteile dieser Einstellungen liegen dabei auf der Hand. Als Erstes kann man so viele Leute erreichen, wie man möchte. Richtig interessant wird dies aber erst dann, wenn man es mit dem zweiten Vorteil koppelt. Man kann die Handlung festlegen, die man bei den Nutzern erreichen möchte und dabei so viele Handlungen einstellen, wie man will. Anders ausgedrückt, man bekommt die Möglichkeit, seine Werbeanzeige, und dadurch auch die Kosten direkt auf die richtigen Personen und die richtigen Aktionen einzustellen. Man bezahlt also nichts für Leute, die sich nichts aus der Werbung machen und auch nicht für Handlungen, die dem Unternehmen selbst nichts bringen.

Das Erstellen einer Werbeanzeige – eine Schritt-für-Schritt Anleitung

Das erste Mal eine Anzeige einzustellen, das kann ein wenig herausfordernd sein. Daher haben wir hier die einzelnen Schritte, die dabei abzuarbeiten sind, einfach in einer Anleitung zusammengefasst.

Schritt 1 - die Vorbereitung

Das Wichtigste für die Vorbereitung sind zwei Dinge. Als Erstes muss man ein Profil auf Facebook besitzen und als Zweites muss über dieses Profil eine Seite erstellt worden sein oder das Profil einer Seite als Administrator zugewiesen worden sein.

Der erste Schritt besteht nun darin, sich in das Profil einzuloggen. Oben rechts sieht man die Buttons für Freunde, Nachrichten, Notifikationen und Hilfe. Rechts daneben befindet sich ein Pfeil in Form eines Dreieckes mit der Spitze nach unten. Auf diesen Pfeil klickt man und dann öffnet sich ein Drop-down-Menü. In diesem wählt man den Punkt „Werbeanzeige erstellen" aus.

Schritt 2 – das Ziel im Werbeanzeigenmanager eingeben

In diesem Manager befinden sich drei Ebenen, auf denen man seine Einstellungen vornehmen kann. Die erste Ebene dient dem Einstellen der Kampagne. Hier legt man das Ziel der Werbekampagne fest. Die zweite Ebene enthält die Anzeigengruppe. In dieser lässt sich die Seite, die Zielgruppe, die Platzierung und das Budget mit dem dazugehörigen Zeitplan einstellen. In der dritten Ebene lässt sich dann die Anzeige selbst erstellen sowie deren Format, Medium, Seite und Text festlegen.

Den Anfang macht das Einstellen des Zieles für die gesamte Kampagne. Dazu benutzt man drei Spalten. Die erste Spalte ist für die Bekanntheit, die Zweite für die Erwägung und die Dritte für die Conversions. In jeder Spalte gibt es dann noch eine Reihe von Unterpunkten, die es erlauben, das Ziel wirklich genau zu spezifizieren. Da dies dann auch am Ende darüber bestimmt, wie die Anzeige aussieht und geschaltet wird, sollte man hier nicht einfach nur schnell darüber hinweggehen, sondern sich etwas Zeit nehmen, um die richtige Einstellung vorzunehmen.

Schritt 3 – die Seite auswählen

Dieser Schritt sollte für einen Anfänger tatsächlich am einfachsten sein, denn normalerweise hat man zu diesem Zeitpunkt nur eine Seite, die mit dem eigenen Profil verbunden ist. Diese Seite gibt man einfach in das entsprechende Feld ein.

Schritt 4 – die Zielgruppe einstellen

In diesem Menü erstellt man eine neue Zielgruppe, speichert sie oder lädt eine gespeicherte Zielgruppe. Hier finden sich eine Menge verschiedener Einstellungsmöglichkeiten, die es erlauben, die Nutzer sehr genau zu definieren, denen die Anzeige später gezeigt wird. Mehr dazu gibt es im nächsten Kapitel.

Schritt 5 – die Platzierung der Anzeige

In diesem Menü lässt sich einstellen, auf welchen Geräten die Anzeige gezeigt werden soll. Man kann sie entweder auf Mobilgeräten oder Computern oder beidem zeigen lassen. Sie können auf Instagram, auf Facebook in der rechten Spalte, im News Feed oder an anderer Stelle platziert werden. Hier kommt es besonders auf die Gewohnheiten der Zielgruppe an, mit welchen Geräten sie auf Facebook geht sowie darauf, welchen Kommunikationskanal sie verwendet.

Schritt 6 – das Budget und die Laufzeit

Hier wird nun festgelegt, wie viel Geld die Anzeige kosten soll. Man kann ein Budget für jeden Tag oder ein Gesamtbudget für die Laufzeit eingeben. Weiterhin kann hier der Name der Anzeigengruppe eingestellt werden, damit es später leichter wird, die Ergebnisse einer bestimmten Kampagne zuzuordnen.

Schritt 7 – das Format und die Medien

Facebook erlaubt es, aus verschiedenen Formaten das Richtige für die eigene Anzeige auszuwählen. So kann man zum Beispiel „Einzelnes Bild" einstellen. Der Begriff ist jedoch als Abgrenzung zu den anderen Formaten gedacht, denn man kann bis zu 6 Bilder unter diesem Punkt hochladen. Egal, welches Format man wählt, man sollte auf die Bildgröße achten. Hier hat Facebook seine eigenen Vorgaben und man sollte sich tatsächlich daran halten, denn ansonsten könnten wichtige Details abgeschnitten oder das gesamte Bild verzerrt werden.

Schritt 8 – die Seite und den Text einstellen

In diesem Menüpunkt geht es nicht um die Seite bei Facebook, sondern eine normale Webseite, die man einbringen möchte. Diese kann hier eingegeben werden. Dazu lassen sich auch hier der Titel der Anzeige und der Text für die Beschreibung festlegen. Mittels der Vorschau kann man sich auch gleich überzeugen, ob die gesamte Anzeige die erwünschte Wirkung entfaltet.

Schritt 9 – die Bestellung

Eine Anzeige wird nicht einfach so aufgegeben, sie wird bestellt. Facebook prüft dann, ob diese Anzeige den Richtlinien entspricht, und schaltet diese dann frei, sobald dies sichergestellt ist. Am besten ist es, selbst zuerst zu prüfen, dass keine Regeln verletzt wurden, bevor man die Bestellung aufgibt.

Schritt 10 – die Zahlungsmethode und das Monitoring

Nach der Bestellung kann man auswählen, wie man für die Anzeige bezahlen möchte. Zur Auswahl stehen unter anderem Kreditkarten, die sehr beliebt sind, und PayPal. Es gibt aber auch noch das Lastschriftverfahren und man kann auch einen Gutschein verwenden. Nachdem auch dieser Punkt abgearbeitet ist, kann es bis zu zwei Tage dauern, bis die Anzeige freigegeben wird. Man sollte auch dafür etwas Zeit einplanen.

Die Zielgruppe – Core Audiences, Custom Audiences und Lookalike Audiences

Die Zielgruppe, der Begriff beschreibt unter Marketern die Personen, an die sich die Werbung wendet. Da finden wir aber sofort ein doppeltes Problem. Erstens muss man überhaupt erst einmal wissen, wer sich für das eigene Angebot interessiert und damit in die Zielgruppe gehört und zweitens muss man wissen, wie man diese Gruppe an Personen als Zielgruppe bei Facebook einstellen kann.

Die richtige Zielgruppe finden

Die richtige Zielgruppe zu finden, wurde uns im Jahre 2015 sehr viel leichter gemacht. Seit diesem Jahr haben wir die Audience Insights. Damit können wir schneller herausfinden, welche Gruppen von Personen sich wofür interessieren und damit die Gruppe finden, die für uns wichtig ist, diese als Zielgruppe einstellen und gezielt ansprechen.

Die Audience Insights befinden sich im Werbeanzeigenmanager unter dem Menüpunkt „Funktionen" und dort unter „Zielgruppenstatistiken". Es öffnet sich eine Auswahl, unter der man beginnen kann, die Statistiken einzugrenzen. Man kann einfach mit jedem auf Facebook, mit jedem, der sich mit der eigenen Seite irgendwie verbunden hat oder mit einer Custom Audience beginnen.

Als Anfänger ist es das Beste, auf „Jeder auf Facebook" zu klicken. Dies ruft ein Fenster mit der Statistik aller Nutzer von Facebook im eigenen Lande auf. Hier sind die verschiedenen Gruppen, unterschieden nach Geschlechtern, Alter, Beziehungsstatus, Ausbildung usw. aufgeführt. Das ist jedoch ein wenig umständlich, sodass man hier noch ein wenig die Auswahl einschränken sollte.

Auf der linken Seite befindet sich ein Menü. Dort lässt sich das Angebot des eigenen Unternehmens bereits grob einschränken. Wer hier zum Beispiel den Begriff „Kleidung" eingibt, wird sofort sehen, dass sich die Werte der Nutzer sofort verändern und auch die gesamte Anzahl an potenziellen Interessenten sich stark verringert. Das hilft, die eigene Zielgruppe genauer zu beschreiben.

Einen Anfang kann man dann machen, indem man darauf schaut, ob sich mehr Frauen oder mehr Männer für das eigene Angebot interessieren. Dann unterteilt man das Ergebnis nach dem Alter, dem Beziehungsstatus und dem Bildungsgrad und noch anderen Merkmalen.

Mit jeder Unterteilung wird die Zielgruppe kleiner. Das erscheint dem Anfänger noch ein wenig unverständlich, denn es geht doch eigentlich darum, so viele Leute wie möglich anzusprechen. Das ist zwar auch richtig so, doch man will nicht sein Geld verschwenden, indem man Leute mit der Anzeige beglückt, die sich nicht dafür interessieren. Es macht mehr Sinn, die Anzeige auf nur eine Million Menschen auszurichten, die wirklich das Angebot irgendwann in dieser oder einer anderen Form wahrnehmen würden, denn auf 10 Millionen Menschen, wovon 9 Millionen dann kein Interesse daran haben. Die Quantität ist wichtig, doch immer erst mit der richtigen Qualität.

Hat man seine Zielgruppe grob definiert, kann man sich auch die Interessen dieser Gruppe genauer anzeigen lassen. Darunter findet man dann auch die Seiten, die diese Zielgruppe am meisten frequentieren. Man kann dann sein Angebot genauer auf diese Gruppe ausrichten, da man sehen kann, was für sie wirklich interessant ist und vor allem, man kann diese Gruppe dann auch wirklich ganz genau ansprechen.

Die richtige Zielgruppe einstellen

Ist die Zielgruppe gefunden, dann muss man sie natürlich auch im Werbemanager für das eigene Unternehmen einstellen. Es geht dabei darum, genau die Leute zu erreichen, die sich auch tatsächlich für das begeistern können, was man als Unternehmen auf dem Markt so zu bieten hat.

Die richtige Einstellung der Zielgruppe ist aus mehreren Gründen sehr, sehr wichtig. Wie wir schon angesprochen haben, geht es vor allem darum, diejenigen zu erreichen, die dann auch tatsächlich der Werbeaufforderung nachkommen und einen Kauf oder eine Bestellung vornehmen. Man will keine Werbemittel auf Leute verschwenden, die absolut kein Interesse an dem Angebot haben. So weit, so gut. Es gilt jedoch, auch zu bedenken, dass Milliarden Menschen auf Facebook unterwegs sind. Die allermeisten davon sind weit weg oder schlicht desinteressiert. Nach der Gießkannenmethode seine Information unter die Leute zu streuen, bringt dann nichts, außer unnötige Kosten. Es ist also zwingend notwendig, Facebook mitzuteilen, an wen dieser Milliarden von Menschen sich die Anzeige genau richten soll.

Facebook hat das Problem natürlich erkannt und bietet dementsprechende Einstellungsmethoden. Diese erlauben es, nach demografischen Gesichtspunkten, nach den Interessen oder nach dem Verhalten die Leute auszuwählen, die die Werbung zu sehen bekommen sollen. Hier ist es besser, mehr Zeit darauf zu verwenden, die Zielgruppe genau einzustellen, als mehr Geld, um die falschen Leute zu erreichen. Die Zielgruppen lassen sich dabei in drei Kategorien unterscheiden. Dies sind die Core Audiences, die Custom Audiences und die Lookalike Audiences.

Die Core Audiences

Die Core Audiences sind die Zielgruppen, die den Kern der Werbung bilden und die man vor allem am Anfang verwendet. Sie werden manuell eingestellt und die Auswahl richtet sich vor allem nach den demografischen Werten, dem Standort, den Interessen und den Verhaltensweisen der Nutzer.

Man muss einfach die Ausgangslage einmal verstehen. Auf Facebook befindet sich eine Unmenge von Leuten, und der Elektronikmarkt versucht ebenso wie der Blumenladen um die Ecke, seine Kunden auf Facebook zu erreichen. Unterschiedliche Geschäfte bedeuten jedoch auch unterschiedliche Kunden und das bedeutet, man muss die Zielgruppe ganz genau danach einstellen, wer am Ende die Anzeige mit Interesse lesen wird.

Die Einstellung nach demografischen Werten ist die Einfachste. Hier gibt man nur ein, welches Geschlecht die Nutzer haben sollen, denen die Anzeige gezeigt wird. Dazu kommt das Alter und der Beziehungsstatus, denn junge Menschen kaufen andere Dinge als Ältere und Singles interessieren sich für etwas Anderes, als Leute in einer Beziehung. Dazu kommen die Bildung, der Arbeitsplatz bzw. die Art des Berufes und noch eine Menge mehr. Man kann hier also schon sehr gezielt einschränken. Wem das Einschränken nicht gefällt, der kann es auch so sehen: Hier kann man ganz gezielt die Leute, die sich nicht für das Angebot interessieren, von der kostenpflichtigen Anzeige ausschließen.

Für viele Geschäfte ist es natürlich auch wichtig, den Standort der Nutzer einzugrenzen, denn wer ein Restaurant in München hat, wird dafür kaum Gäste aus Kiel erwarten. Ein Onlineshop mag hier freizügiger umgehen, aber auch dieser kann den Standort auf ein Land oder einige wenige Nachbarländer einschränken. Das gilt vor allem dann, wenn der Onlineshop eher landestypische Dinge anbietet, wie zum Beispiel Bücher in deutscher Sprache.

Neben dem Standort und den demografischen Werten sind es vor allem die Interessen, die den wichtigsten Faktor bei der Einstellung der Zielgruppe darstellen. Wer gern shoppen geht, dem sollte man eine Werbeanzeige über die neueste Mode zeigen. Wer jedoch gern liest, der braucht mehr die Welt der Bücher. Die Interessen sind also der Faktor, über den sich am meisten die Qualität der Zielgruppe bestimmen lässt.

Bestimmte Verhaltensweisen, wie zum Beispiel typische Käufe, die Nutzung von Mobilgeräten, das Besuchen von Veranstaltungen, erlauben es auch, die Nutzer danach einzuteilen, wie wahrscheinlich es ist, dass sie ein Angebot wahrnehmen. Außerdem kann man hier eine bestimmte Anzeige auch mehrfach schalten. So kann man sie einmal optimiert für die Mobilgeräte und darauf beschränkt bestellen, und ein zweites Mal für Computer aufbereitet, also auf diese Endgeräte gezielt einstellen.

Zu den Verhaltensweisen gehören dann auch noch die Downloads von Apps bzw. das Klicken des „Gefällt mir"-Buttons. All diese Dinge lassen Rückschlüsse auf die Personen und ihr potenzielles Kaufverhalten bzw. Interesse zu, und sollten auch für die Definition der Zielgruppe genutzt werden.

Custom Audiences

Die Custom Audiences sind eine Verbindung zu den Nutzern, die schon mit dem eigenen Angebot irgendwie in einem Zusammenhang stehen. Dies können die Kunden des Unternehmens sein, Kontakte, die man auf Facebook hat oder Leute, die bereits die eigene Seite besucht haben. Damit kann man einen Kontakt mit diesen Nutzern herstellen bzw. vertiefen und so eine langfristige Kundebindung erreichen.

Ein guter Anfang ist eine Liste mit den treuen Kunden des eigenen Unternehmens. Diese Liste lässt sich auf Facebook hochladen und schon kann man die Bestandskunden mit neuen Angeboten zu einem neuen Kauf bewegen oder einen potenziellen Kunden in einen echten Kunden verwandeln.

Custom Audiences haben im Wesentlichen drei Quellen, aus denen sie sich erstellen lassen. Die Erste ist die angesprochene Kundenliste. Dann geht es weiter mit all denjenigen, die bereits die eigene Webseite bzw. die eigene Seite auf Facebook besucht haben. Letztere sind die potenziellen Kunden. Die dritte Quelle sind die Leute, die die App des eigenen Unternehmens heruntergeladen haben, sofern das Unternehmen über eine eigene App verfügt.

Lookalike Audiences

Lookalike Audiences sind vor allem für ein Unternehmen geeignet, das noch recht klein ist, aber bereits über Kunden verfügt. Die Grundidee besteht dabei darin, dass man die eigenen Kunden, also Menschen, die bereits einen Kauf getätigt haben, zum Vorbild für die neue Zielgruppe nimmt. Der neue Kunde, also der, der von der Anzeige angesprochen wird, ähnelt damit dem alten Kunden, also demjenigen, der bereits einen Kauf vorgenommen hat.

Ähnlich der Custom Audiences, lassen sich aber auch hier verschiedene Quellen für das Erstellen einer solchen Zielgruppe verwenden. Neben den direkten Kundeninformationen lassen sich auch die Besucher der Webseite, die Nutzer der eigenen App, Fans auf der Facebook-Seite oder die Nutzer aus einer Custom Audience benutzen. Man muss die Quelle nur auf Facebook hochladen oder sie über den Werbemanager verbinden.

Der große Vorteil ist, dass die Lookalike Audience sich genau nach den Leuten orientiert, die schon einmal eine Bestellung oder einen Kauf vorgenommen haben bzw. irgendwie mit dem Angebot in Berührung kamen. Das bedeutet, die Anzeige wird den Leuten gezeigt, bei denen die Wahrscheinlichkeit am größten ist, dass auch sie einen Kauf oder eine Bestellung vornehmen werden. Das bedeutet aber auch, dass die Bestandskunden die beste Quelle darstellen, denn sie bieten das, was das Unternehmen braucht. Über das Hinzufügen oder Trennen anderer Quellen lässt sich die Lookalike Audience dann noch im Bedarfsfall anpassen.

Das Format

Eine der wichtigsten Entscheidungen hinsichtlich einer Werbeanzeige ist deren Gestaltung oder auf Facebook deren Format. Es ist die Präsentation des Inhaltes, die als Allererstes die Aufmerksamkeit des Nutzers anzieht. Erst wenn das geschafft ist, kann die Anzeige ihre Botschaft an den Mann bzw. die Frau bringen.

Die Auswahl

Eine gute Werbeanzeige ist eine kleine Story. Diese kann als Text, in Bildern oder als Video oder auch auf ganz andere Weise erzählt werden. Man muss dabei jedoch bedenken, dass jede dieser Arten ihre eigenen Vorteile hat. So kann ein Text viele Informationen vermitteln, doch die meisten Leute werden sie nicht lesen. Umgedreht vermittelt ein Bild nur einen Ausschnitt, doch die Leute werden es sich ansehen.

Auf Facebook lässt sich eine einfache Anzeige mit Bildern erstellen, mit Videos, mit einem Carousel, einer Slideshow, einer Sammlung oder aber eingebunden in den Messenger. Es lohnt sich, genauer auszuwählen, damit man die Möglichkeiten des Angebotes voll ausnutzen und die Vorlieben der Zielgruppe maximal bedienen kann.

Die Bildanzeige

Eines ist von Anfang an klar, eine Anzeige, die nur aus Text besteht, wird kaum gesehen werden. Man braucht mindestens ein Bild als Aufhänger. Eine Bildanzeige ist die richtige Form, eines oder wenige Bilder mit einem aussagekräftigen, jedoch nicht zu langen, Text zu verknüpfen.

Bilder gestatten es, die Aufmerksamkeit der Nutzer auf die Anzeige selbst, aber auch das Unternehmen bzw. die Marke, zu liefern. Das schafft über die Zeit hinweg eine größere Bekanntheit der Produkte bzw. des Angebotes. Vor allem bleibt es dem Nutzer auch unbewusst im Gedächtnis und entfaltet dann selbst später noch seine Wirkung in Form des Wiedererkennungseffektes.

Der bei Weitem größte Vorteil einer Bildanzeige ist ihre einfache Erstellung. Man braucht nur einen Beitrag, der mindestens ein Bild und etwas Text enthält. Diesen kann man direkt veröffentlichen und bewerben.

Die Videoanzeige

Videoanzeigen auf Facebook haben einen großen Vorteil. Facebook selbst hat sich viele Gedanken darüber gemacht, wie die Leute sich Videos ansehen und die Anzeigen bereits als Template darauf ausgelegt, dass sie von möglichst vielen Leuten beachtet und auch komplett angeschaut werden.

Das Betrachtungsverhalten unterscheidet sich dabei auch nach dem verwendeten Gerät. So werden auf Smartphones vor allem kürzere Videos bevorzugt. Diese sollten nur 10 bis 20 Sekunden lang sein. Hier gilt es also, sich kurz auszudrücken, um die Werbebotschaft rüberzubringen.

Videoanzeigen erlauben es unter anderem, den Leuten Anleitungen über die Benutzung eines Produktes oder über die Nutzung der eigenen Webseite zur Verfügung zu stellen. Damit regt man mehr Interesse an und ladet sie dazu ein, sich das Angebot auf der Unternehmensseite genauer anzusehen.

Videoanzeigen eignen sich auch, die Reichweite von Fernsehspots zu steigern. Viele Leute, die auf Facebook unterwegs sind, haben sich von dem klassischen TV verabschiedet. Diese erreicht man mit den Spots also nicht. Man kann jedoch direkt die gleichen Spots auf Facebook schalten und damit auch diese Personengruppe auf das eigene Angebot aufmerksam machen.

Carousel-Anzeigen

Carousel-Anzeigen setzen sich aus bis zu 10 Bildern bzw. Videos zusammen. Jedes Bild bzw. jedes Video kann dabei mit einem eigenen Link ausgestattet sein. Damit kann man intensiv das Unternehmen und dessen unterschiedliche Angebote oder aber mehrere Produkte oder mehrere Aspekte des gleichen Produktes bewerben.

Carousel-Anzeigen gestatten es, nicht einfach nur mehr von dem Unternehmen oder dessen Angebot zu präsentieren, hier lässt sich alles zu einer Geschichte verbinden. Sie sind interaktiv, denn sie erlauben es den Nutzern, durch die ganze Geschichte vor- und zurückzublättern. Aufgrund der insgesamt 10 Bilder oder Videos bietet sich eine Menge verschiedener Möglichkeiten, den Auftritt bzw. die Geschichte zugleich informativ und interessant zu gestalten.

Hinsichtlich der Reihenfolge der Bilder und Videos bieten sich erneut verschiedene Optionen. So kann man die Bilder betreffend deren Performance von Facebook optimieren lassen. Das bedeutet, dass die Bilder, die öfter angeschaut werden, nach vorn gestellt werden und die Bilder, die keine Interessenten finden, weiter hinten zu finden sind. Wenn es aber darauf ankommt, eine Geschichte zu erzählen, lässt sich diese Funktion deaktivieren und die eigene Reihenfolge beibehalten.

Slideshow-Anzeigen

Slideshows erlauben es, mehrere Videos bzw. Bilder zu einer Vorstellung zu vereinen. Dies ermöglicht es, auch mit einem kleinen Budget einen Film aus bestehenden Bildern zu erstellen, eine Geschichte zu erzählen, verschiedene Angebote vorzustellen bzw. ein Angebot sehr vertieft zu beleuchten und sie lassen sich einfach und schnell erstellen.

Slideshows machen aus einfachen Bildern ein Video und lenken so die Aufmerksamkeit besser auf sich, als ein Standbild es vermag. Sie brauchen keine schnelle Verbindung und sind daher auch auf Mobilgeräten relativ schnell zu laden.

Eine Sammlung als Anzeige

Leute, die mit dem Smartphone unterwegs sind, surfen anders als Leute am Computer. Sie kaufen auch anders ein und sie wollen eine besondere Darstellung der Produkte. Hier bietet eine Sammlung in Form einer Anzeige genau die Möglichkeiten, diese Vorliebe zu bedienen.

Die Nutzer von Smartphones erwarten, eine schnell ladende Präsentation aus einem Hauptbild und den nächsten Bildern als Suchleiste darunter oder daneben. Hier erlaubt die Sammlung, das Angebot nicht einfach nur zu präsentieren, sondern den Nutzer auch interaktiv einzubinden und so sein Interesse zu wecken und zu erhalten.

Eine Sammlung zeigt ein Bild über den Großteil des Bildschirmes und es bietet eine Leiste aus kleinen Vorschaubildern, die sich nach Belieben anwählen und vergrößern lassen. Die Liste lässt sich nahtlos bewegen, sodass es für den Nutzer niemals langweilig wird. Wird eine solche Anzeige mit einer Landingpage verknüpft, die auf mobile Nutzer zugeschnitten sind, ist die Wahrscheinlichkeit, einen neuen Kunden zu erhalten, am größten.

Hier lässt sich das Erlebnis durch verschiedene Layouts noch steigern. So kann das Produkt in Lifestyle Ads innerhalb der Lebenssituationen gezeigt werden. Das bringt die Nutzer dazu, sich vorzustellen, wie sie das Produkt verwenden, was dann den Wunsch steigert, es zu erwerben.

Die Platzierung

Viele denken, wenn sie Facebook-Werbeanzeigen hören, nur an die Plattform selbst. Es gibt jedoch weitere Möglichkeiten, seine Anzeigen zu schalten. Das bedeutet aber auch, dass man eine Anzeige schnell auf mehreren Kanälen zeigen kann und damit sehr leicht seine Reichweite steigert.

Die Optionen im Werbeanzeigenmanager erlauben es, die Anzeigen gleichzeitig auf Facebook, Instagram, dem Audience Network und Messenger einzustellen. Dies alles sowohl für Mobilgeräte als auch für Computer. Das schafft aber nicht nur Reichweite, es erleichtert auch das gezielte Ansprechen der eigenen Zielgruppe.

Facebook

Auf Facebook kann man pro Monat 2 Milliarden Menschen mit Videos, den Carousel-Anzeigen, Fotos, Slideshows und den Sammlungen erreichen. Das bietet eine reiche Auswahl an Nutzern und an Formaten.

Instagram

Instagram wiederum wird für die Werbung immer wichtiger. Hier sagen 60 % der Nutzer, dass sie auf dieser Plattform oftmals das erste Mal Informationen über neue Produkte und Dienstleistungen erhalten. Hier lassen sich Videoanzeigen, Bildanzeigen, Carousel-Anzeigen und Stories einstellen.

Audience Network

Die Reichweite auf Facebook allein ist schon riesig. Dazu kommt noch Instagram und dennoch kann man diesen Rahmen mit dem

Audience Network sprengen. Hier lassen sich Bildanzeigen, Videos und Carousel-Anzeigen einstellen.

Messenger-Anzeigen

Die Anzeigen auf Messenger erreichen weitere 1,3 Milliarden Menschen. Jeden Monat werden über zwei Milliarden Nachrichten abgesendet. Hier bieten sich weitere Möglichkeiten, die Leute zu erreichen und, da ihre Interessen, demografische Werte und Verhaltensweisen über die Facebook-Profile bekannt sind, gezielt mit Werbung in Berührung zu bringen.

Eine Werbeanzeige im Messenger wird über die App, die inzwischen fast jeder auf seinem Smartphone hat, verbreitet. Dort wird sie auf der Startseite platziert. Dazu gibt es aber noch weitere Möglichkeiten, die Werbung den Nutzern vor die Augen zu bringen.

Auch auf Messenger wird die Anzeige automatisch den Personen gezeigt, die über die Zielgruppe bestimmt wurden und dabei so dargestellt, dass sie die besten Ergebnisse, je nach Auswahl für die Kampagne, liefern. Das bedeutet, wer sich genug Zeit nimmt, die Ziele und die Zielgruppe einzustellen, wird für geringe Kosten ein maximales Ergebnis erreichen.

Facebook Pixel und Conversion Events

Das Facebook Pixel sollte nicht unterschätzt werden. Richtig einge-setzt ist es der Schlüssel zum Erfolg einer Werbekampagne und es hilft bei der Vorbereitung der danach folgenden Kampagnen. Das Facebook Pixel erlaubt es nämlich den Werbetreibenden, die Aktivitäten auf der eigenen Seite mit den Anzeigen auf Facebook in Verbindung zu brin-gen. Anders ausgedrückt, damit lässt sich der Erfolg oder Misserfolg einer Werbemaßnahme ermitteln und daraus wiederum lässt sich die folgende Strategie ableiten.

Viele Marketer, darunter vor allem die Anfänger, setzen das Facebook Pixel jedoch nicht ein, denn sie schrecken vor der Installation des Pi-xels zurück. Dabei ist diese längst nicht so schwer, wie das der ers-te Blick vermuten lässt. Weiterhin hat Facebook sich mit dem neuen Pixel darum bemüht, den neuen Vorschriften hinsichtlich des Daten-schutzes zu genügen. Daher sollte man sich auch als Anfänger ruhig einmal die Zeit nehmen, die folgenden Seiten zu studieren und dann das Pixel auch tatsächlich einzusetzen.

Vor dem Einsatz

Wir haben hier bereits beschrieben, dass die Grundlage für eine Wer-beanzeige das Vorhandensein einer eigenen Seite auf Facebook dar-stellt. Für das Facebook Pixel geht diese Anforderung noch weiter. Hier braucht das Unternehmen tatsächlich eine richtige Webseite, denn das Pixel wird auf dieser eingefügt, um die Aktivitäten der Nut-zer mit den Nutzern auf Facebook abzugleichen.

Ein Pixel erstellen

Damit man sein Pixel auch einsetzen kann, muss man es natürlich zuerst einmal erstellen. Dies geschieht im Werbeanzeigenmanager. In diesem befindet sich ein Tab mit der Bezeichnung „Pixel". In diesem Tab lässt sich das Pixel dann erstellen. Pro Werbekonto kann jedoch nur ein Pixel erstellt werden.

Das Pixel braucht einen Namen. Damit man sich später besser zurechtfinden und die Informationen den einzelnen Seiten zuordnen kann, empfiehlt es sich, den Namen repräsentativ für die Seite und das Unternehmen, welche beworben werden, auszuwählen.

Ist der Name eingegeben, dann akzeptiert man noch die Nutzungsbedingungen, indem man das entsprechende Häkchen setzt und dann klickt man auf „Pixel erstellen". Ist der Name eingegeben, dann akzeptiert man noch die Nutzungsbedingungen, indem man das entsprechende Häkchen setzt und dann klickt man auf „Pixel erstellen". Voilà, das Pixel ist vorhanden und für den Einsatz bereit.

Das Facebook Pixel einfügen

Ist das Pixel erstellt, muss es in die eigene Webseite, nicht die Seite auf Facebook, eingebunden werden. Dazu gibt es mehrere Möglichkeiten, je nachdem, wer die Seite verwaltet, hostet oder ob ein Tag Manager benutzt wird.

Jemand anderes verwaltet die Webseite

Wenn eine andere Person die Webseite verwaltet und auf dem neuesten Stand hält, kann man dieser Person einfach das Pixel zusenden. Dazu benötigt man nur die E-Mail-Adresse der anderen Person.

Im Pixel Tab innerhalb des Werbeanzeigenmanagers klickt man auf „Pixel einrichten". Danach wählt man „Anleitung per E-Mail an einen Entwickler senden". Es öffnet sich ein Feld, in welchem sich die E-Mail des Entwicklers eintragen lässt. Dann klickt man auf „Senden" und die betreffende Person erhält das Pixel und die nötigen Anweisungen, wie es zu verwenden ist.

Den Code selbst einbinden

Natürlich lässt sich der Code auch selbst per Hand einbinden. Dazu muss man mit einem Web-Management-System die eigene Seite aufrufen und sich den Code anzeigen lassen. Dort geht man in den Header und kopiert einfach den Code des Pixels, den Facebook anzeigt, an den Anfang, noch vor allen anderen Codes, hinein.

Als Nächstes sollte man auf jeden Fall überprüfen, ob der Code auch wirklich funktioniert. Dazu klickt man auf „Test-Traffic senden". Daraufhin checkt Facebook die Seite und zeigt ihren Status an. Das kann einige Minuten in Anspruch nehmen. Ist der Test erfolgreich, dann wird der Status auf „Aktiv" gesetzt. Dann weiß man, dass das Pixel funktioniert.

Bei der Verwendung eines Hostings oder Tag Managers

Hier ist die Einbindung sogar noch einfacher. Facebook bietet eine Liste von Tag Managern und Plattformen. In dieser muss man nur das eigene Hosting bzw. den eigenen Manager auswählen und der Rest geschieht automatisch.

Monitoring und Conversions

Monitoring bedeutet, die Handlungen, die die Nutzer auf der eigenen Webseite vornehmen, zu beobachten und vor allem, die Erfolge, also die Conversions, zu messen. Conversions steht dabei für die Umwandlung eines Nutzers in einen Kunden, doch man sollte das Wort nicht zu streng verstehen, denn Conversions können auch in einem Download oder einem Seiten- bzw. Videoaufruf bestehen.

Um die Handlungen bzw. die Conversions beobachten zu können, muss man die gewünschten Handlungen als Events auf der Webseite einfügen. Wann immer ein solches Event dann stattfindet, wird dies von Facebook festgehalten und kann später im Report angezeigt werden. Ein Event kann dann zum Beispiel aus einem Kauf auf der Webseite bestehen.

Die Events, die man installieren kann, befinden sich im Werbeanzeigenmanager im Pixel-Tab. Dort wählt man „Installations-Events". Es öffnet sich eine Liste mit möglichen Events. Neben jedem befindet sich ein Schalter. Diesen legt man einfach um, um das Event zu aktivieren.

Sobald ein Event aktiviert wurde, zum Beispiel ein Einkauf, öffnet sich ein weiteres Fenster mit Optionen. Hier kann man das Event so einstellen, dass es beim Laden der Seite oder bei einer Inlinehandlung getrackt wird. Das klingt kompliziert, doch es ist im Grunde genommen sehr einfach.

Ein Tracking beim Laden der Seite bedeutet, dass das Laden allein schon als Event und damit als Conversion festgehalten wird. Ein Tracking bei einer Inlinehandlung bedeutet, dass der Nutzer auf etwas klicken muss, um das Tracking auszulösen.

Das ist anhand eines Kaufes schnell erklärt. Sollen die Käufe als Conversions getrackt werden, sprich, will man sehen, wie viele Nutzer auf die eigene Seite gelangt sind und dort wirklich etwas eingekauft haben, muss man sich eine einfache Frage stellen. Kauft der Kunde allein schon damit, indem er die Seite lädt oder damit, indem er etwas anklickt? Normalerweise kommt ein echter Kauf erst durch den Checkout bzw. dessen Bestätigung zustande. Hier kann man nun auf zweierlei Weise vorgehen. Der Kauf lässt sich als der Klick auf die Bestätigung tracken, dann wählt man das Tracking der Inlinehandlung aus. Ebenso gut kann sich nach dem eigentlichen Kauf eine Seite öffnen, auf der dem Käufer für die Vornahme des Kaufes gedankt wird. Dann ist das Aufrufen dieser Seite das Event, welches man mit der Einstellung „Laden der Seite" trackt und damit die Conversion festhält. Es kommt also einfach darauf an, wie die Seite aufgebaut ist, um die richtige Option auszuwählen.

Ist die richtige Option ausgewählt, erhält man den Eventcode. Diesen fügt man dann auf der entsprechenden Seite bzw. Unterseite des Unternehmens ein. Hat man sich für das Tracking beim Laden der Seite entschieden, dann gehört der Code direkt oberhalb des letzten Headerabschnittes. Geht es um die Inlinehandlung, dann gehört der Code zwischen die Skripttags für die Handlung.

Die besten Tipps

Das Schalten von Anzeigen auf Facebook ist ein sehr gutes Mittel, um die Bekanntheit des eigenen Unternehmens zu steigern, und einen Verkauf von Produkten zu erreichen. Dennoch fühlen sich viele Unternehmer von all den Möglichkeiten und Einstellungen überfordert. Dazu kommt, dass es sich gerade kleine Unternehmen nicht leisten können, einen Experten für die Werbung auf Facebook anzuheuern. Darum haben wir hier ein paar Tipps zusammengefasst, die es auch einem relativ unerfahrenen Unternehmer erlauben, mit relativ wenig Geld eine erfolgreiche Werbekampagne auf Facebook zu schalten.

Tipp 1: Nicht immer ist Facebook wirklich die richtige Werbeplattform

Facebook ist ein guter Ort, um Kunden zu finden bzw. um sein Unternehmen bekannt zu machen. Dennoch gibt es auch hier Grenzen. Anders ausgedrückt, nicht jedes Unternehmen kann erfolgreich mehr Kunden über Facebook gewinnen bzw. die Menge an neuen Kunden, die man damit gewinnen kann, steht in keinem guten Verhältnis zum Aufwand. Den Unterschied macht hier das Geschäftsmodell des Unternehmens.

Als Erstes muss das Unternehmen kein Geschäft sein, welches von einer typischen Laufkundschaft frequentiert wird, die sich aus Leuten zusammensetzt, für die Facebook relativ unbedeutend ist. Darunter fällt zum Beispiel der Bäcker von nebenan. Die Leute kaufen hier für ihr Frühstück ein und die meisten Kunden sind nicht im Alter der typischen Facebook-Nutzer. Zwar lässt sich auch hier bestimmt noch der eine oder andere Kunde gewinnen, doch deren Anzahl ist gemessen am dafür nötigen Aufwand nicht ausreichend.

Regionale Läden, die auf Laufkundschaft ausgerichtet sind und bereits an den Grenzen ihrer Leistungsfähigkeit stehen, würden nichts durch einen Auftritt auf der Plattform gewinnen. Anders sieht es dagegen aus, wenn das Unternehmen noch Kapazitäten frei hat. Wenn es dazu noch exotische Angebote hat, dann lohnt sich der Auftritt wieder. Die exotischen Angebote lassen sich im Zweifelsfall der Palette noch hinzufügen.

Facebook verlangt jedoch seinen Werbetreibenden eine Menge Arbeit ab. Darum ist es nur richtig, diesen Weg zu gehen, wenn man nicht bereits über einen ausreichenden Kundenstamm verfügt und daher die Kapazitäten noch ungenutzt zur Verfügung hat. Vor allem, und das wird gerne unterschätzt, ist Facebook eine kontinuierliche Arbeit. Es geht nicht um einen einzigen Auftritt. Dieser will vielmehr über die Zeit hinweg gepflegt und auf dem neuesten Stand gehalten werden.

Tipp 2: Keine Produktwerbung

Die Leute auf Facebook wollen eines: sie wollen Spaß. Das bedeutet, sie wollen sich an ihrer Gemeinschaft mit ihren Freunden erfreuen und sich entspannen. Was sie nicht wollen, ist mit Produkten und Kaufaufforderungen bombardiert zu werden. Das bedeutet, dass sie reine Verkaufswerbung mit Produkten einfach ignorieren oder sich davon sogar abgestoßen fühlen.

Facebook dient nicht dem Verkauf, es dient dazu, Reichweite bzw. eine Community bzw. Leads zu generieren. Das bedeutet, auf Facebook macht man sein Unternehmen bekannt. Dort weckt man das Interesse der potenziellen Kundschaft und bringt Vertrauen. Dann, wenn die Leute mehr wollen, kommen sie auf den eigentlichen Webauftritt des eigenen Unternehmens und können dort auch etwas kaufen. Dazu kann man auch mit Rabatten locken und andere Aktionen starten. Wichtig ist jedoch, das Unternehmen und nicht die Produkte zu bewerben.

Weiterhin lassen sich die Leute über Facebook an das Unternehmen binden. Indem man den Auftritt auf dem neuesten Stand hält und immer wieder einen interessanten Mehrwert bietet, wird man mehr und mehr Leute mit der Zeit überzeugen. Dazu kann man auch noch mittels Aktionen die Nutzer animieren, ihre E-Mail-Adressen anzugeben. Darüber lassen sich dann erneut eine Kundebindung und eine ständige, weitere Werbung erreichen.

Über die Community und das E-Mail-Marketing lassen sich dann im Weiteren echte Verkäufe und vor allem eine nachhaltige Bindung erreichen. Außerdem wird man über die E-Mail von den Algorithmen von Facebook und Google unabhängig. Man erhält also mehr Kontrolle. Facebook ist also der Zwischenschritt zum Verkauf. Es ist jedoch kein Onlineshop.

Tipp 3: Die Einstellung der richtigen Zielgruppe

Werbung ist nicht Angeln. Man hängt nicht einen Köder in das Wasser und sieht, was beißt. Man geht vielmehr gezielt vor, indem man die Werbung als Köder dem potenziellen Kunden dort zeigt, wo er sich befindet. Da er sich auf Facebook herumtreibt, werben wir dort. Das ist aber nicht alles, denn über 2 Milliarden Nutzer ist eine gewaltige Menge an Leuten, weswegen unbedingt darauf zu achten ist, die Zielgruppe, also diejenigen, die das eigene Angebot am wahrscheinlichsten interessiert, so genau wie möglich zu ermitteln und einzustellen.

Der gravierendste Fehler fängt schon dort an, wo das Unternehmen seine Zielgruppe überhaupt nicht kennt. Hier muss man über seine Kunden ganz einfach ein wenig Marktforschung betreiben. Wer nimmt das eigene Angebot wahr? Wie kann man seine Werbung genau auf diese Gruppe abstimmen?

Leads in Facebook kosten Geld. Das bedeutet, dass man nur dann das meiste aus den Werbeanzeigen herausholen kann, wenn man diese so genau wie möglich zur Generierung von Leads einsetzt. Wird die Zielgruppe überhaupt nicht oder zu ungenau bestimmt bzw. eingestellt, dann sehen auch die Nutzer das Angebot, die sich überhaupt nicht dafür interessieren. Das aber kostet Geld und bringt kein Ergebnis.

Tipp 4: Die Nutzung von warmen Kontakten

Warme Kontakte, das sind vor allem Nutzer, die schon einmal mit dem Unternehmen interagiert oder aber auf die Seite des Unternehmens geschaut haben. Diese Kontakte haben bereits ihr Interesse an dem Unternehmen und seinem Angebot gezeigt. Jetzt ist es wichtig, diese Gruppe an Nutzern direkt als Zielgruppe zu markieren. Damit erreicht man die größte Wirkung.

Tipp 5: Das Facebook Pixel

Das Facebook Pixel ist ein einfacher Code, der es dem Ad-Manager von Facebook erlaubt, die Aktivitäten auf der Seite zu beobachten. Damit wird vor allem festgestellt, wie viele Leute auf der Webseite waren und was sie dort gemacht haben. Das bedeutet, es ist das wichtigste Monitoringtool und absolut wichtig, wenn es darum geht, festzustellen, ob der eigene Werbeaufwand wirklich den gewünschten Erfolg hat.

Tipp 6: Die Lookalike Audiences

Kleinere Unternehmen haben ein Problem. Der Traffic auf ihrer Seite, das bedeutet, die Anzahl der Besucher, ist nicht sehr groß. Es macht daher keinen Sinn, die Anzeigen nur für die Leute zu schalten, die die Seite bereits einmal aufgesucht haben. Über die Funktion Lookalike Audiences kann man jedoch die Anzeigen auch den Leuten zeigen, die den Besuchern auf der eigenen Seite ähneln. Das bedeutet, Facebook schaut sich die Profile der Leute an, die die Seite des Unternehmens aufgesucht haben. Hier wird nach Alter, Herkunft, Interessen und anderen Werten unterschieden. Dann werden die Werbeanzeigen den Nutzern von Facebook gezeigt, die in diesen Werten den Besuchern der Webseite ähneln. Neben den Besuchern kann man dafür aber auch die Fans der Seite verwenden.

Tipp 8: Geduld ist wichtig

Der Erfolg kommt nicht über Nacht. Dementsprechend muss man sich die Zeit nehmen, die Werbung auch lange aufrechtzuerhalten und dafür auch ein entsprechendes Budget bereithalten. Nur wenn man genug Geld und Zeit investiert, kann man die Bekanntheit so weit steigern, dass man damit eine solide Kundenbasis aufbauen kann.

Die größten Fehler

Natürlich kann jeder mal Fehler machen und aus Fehlern wird man klug. Es müssen jedoch nicht die eigenen Fehler sein. Es ist tatsächlich besser und billiger, aus den Fehlern anderer zu lernen, anstatt sie zu wiederholen. Darum haben wir hier die größten Fehler, die bei der Schaltung von Werbeanzeigen auf Facebook immer wieder gemacht werden, zusammengefasst.

Fehler 1: Eine ungenaue Zielgruppe

Eine Anzeige auf Facebook, das sieht einfach aus und es ist auch wirklich kinderleicht. Das verführt aber auch gerade Anfänger schnell, sich durch die Menüs zu klicken und dabei wichtige Einstellungen zu überspringen. Für den Erfolg und vor allem für das richtige Kosten-Nutzen-Verhältnis ist es jedoch besser, sich Zeit zu nehmen, damit man Geld spart.

Gerade die Auswahl bzw. Einstellung der richtigen Zielgruppe ist etwas, wozu man Zeit und Ruhe benötigt. Es geht nämlich nicht darum, eintausend desinteressierte Nutzer zu erreichen, sondern lieber 10 oder 20, die tatsächlich auf den Link zur Webseite des Unternehmens klicken und dann idealerweise auch noch einen Kauf vornehmen. Es geht also um Klasse anstatt Masse.

Über die gesamte Zeit seiner Existenz hinweg wurde Facebook hinsichtlich der Auswahl der Zielgruppe immer mehr verfeinert. Das liegt einfach daran, dass hier am meisten über den Erfolg oder Misserfolg einer Kampagne entschieden wird. Anders ausgedrückt, wer die Zielgruppe vergeigt, bezahlt für einen zu geringen Erfolg viel zu viel Geld.

Die Zielgruppe lässt sich nach verschiedenen Gesichtspunkten einstellen. Dazu gehören Verhaltensweisen, Interessen und demografische

Merkmale. Dazu gibt es noch das Flex-Targeting. Hier können über „und/oder" Einstellungen die Kriterien auf verschiedene Weisen miteinander verbunden werden.

Je mehr man sich mit der Zielgruppe Zeit nimmt, desto weniger Geld wird man verschwenden. Die Einstellung der Zielgruppe beginnt schon mit der Auswertung der eigenen Kundschaft. Diese kann man entweder im Geschäft selbst sehen oder die Informationen über die Kundenliste in seinem Onlineshop gewinnen. Dabei kann man sehr schnell das Alter, den Wohnort und das Geschlecht in Erfahrung bringen.

Es macht einen großen Unterschied für eine Anzeige, ob überwiegend Männer oder Frauen, junge oder alte Menschen, die Bewohner dieser oder jener Region das Produkt kaufen oder die Dienstleistung in Anspruch nehmen. Dabei sollte man nicht darauf abzielen, jeden einzubeziehen. Wenn man eine Anzeige einhundert Leuten, 50 Männern und 50 Frauen, zeigt, und davon 40 Männer und 20 Frauen einen Kauf vornehmen, zusammen 60 Käufe, dann macht es einfach mehr Sinn, die Anzeige in Zukunft besser einhundert Männern zu zeigen, denn dann erhält man 80 Käufe.

Man kann dabei schon vom Produkt her seine Rückschlüsse ziehen, doch das ist nicht alles. Vielleicht kaufen mehr Männer eine Damenhandtasche, um sie ihrer Frau oder Freundin zu schenken, als Frauen sich die Handtasche kaufen. Erhebungen sind hier immer genauer als einfache Rückschlüsse.

Wichtig ist, auch bei der Zielgruppe immer wieder Splittests durchzuführen. Indem man die gleiche Anzeige mit verschiedenen Zielgruppen schaltet, kann man sehen, welche Zielgruppe zu mehr Ergebnissen führt und sich dann in Zukunft auf diese Zielgruppe konzentrieren.

Fehler 2: Falsche Zielsetzung und falscher Inhalt

Der falsche Inhalt der Anzeige ergibt sich oftmals aus dem falschen Ziel. Die meisten Anfänger erkennen nicht, dass eine Anzeige allein nicht ausreicht, und dass eine Kampagne mindestens aus zwei Teilen besteht. Das Erste ist die Reichweite und das Zweite ist die Umwandlung der Reichweite in Verkäufe. Wer direkt auf Verkäufe aus ist, wird sein Ziel meistens nicht erreichen und dabei auch noch eine Menge Geld verschwenden.

Eine Anzeige entfaltet dann ihre größte Wirkung, wenn sie nicht als Werbung wahrgenommen wird. Das bedeutet, anstatt etwas zum Verkauf anzupreisen, geht es darum, das Unternehmen dem Nutzer von Facebook immer wieder vor die Augen zu bringen. Es sollte sich selbst dabei, nicht seine Produkte, darstellen. Damit wird die eigentliche Reichweite erzielt. Die Nutzer nehmen das Unternehmen war und gehen auf dessen Seite. Hier wird die erste Verbindung hergestellt.

Die Umwandlung in Kunden, also in Nutzer, die einen Kauf vornehmen, geschieht dann auf der eigentlichen Homepage des Unternehmens. Dazu muss ein Link auf der Facebook-Seite existieren und dieser Link muss die Leute auf eine Landingpage bringen, die den eigentlichen Beginn der Verkaufswerbung bildet. Hier gibt es dann noch viele verschiedene Möglichkeiten, wie dann der Kauf auf der Landingpage attraktiv gemacht werden kann.

Für Facebook bedeutet das, dass wir dort keine Verkäufe initiieren. Dort wird nur die Bekanntheit des Unternehmens gesteigert und das nötige Vertrauen beim Kunden aufgebaut. Wer dagegen direkte Verkaufswerbung auf Facebook platziert, wird damit wenig Erfolg haben.

Fehler 3: Keine Zielgruppenlisten

Auf Facebook ist es möglich, Listen für die Zielgruppen zu erstellen. Diese Möglichkeit sollte genutzt werden. Dabei sollte mehr als eine Zielgruppenliste erstellt werden. Bewährt haben sich zwei, wobei man diese ständig abwechselnd benutzt und miteinander vergleicht. Man führt dabei kleine Änderungen in die Liste ein, bis man über die Zeit hinweg und nach vielen Experimenten die zwei Listen herausgefunden hat, die eine maximale Wirkung erzielen.

Listen lassen sich nach verschiedenen Gesichtspunkten aufbauen. Sie können sich danach richten, wer die eigene Seite aufgerufen hat. Sie können auch aus den Lesern eines bestimmten Blogartikels bestehen. Eine Liste lässt sich aus der Kundenliste ableiten, dann kann man all diejenigen einbinden, die ein bestimmtes Video angeschaut haben oder aber nach anderen Kriterien und Inhalten vorgehen. Hier ist es möglich, die Nutzer vorzuwärmen, zum Beispiel mit einem Video, und dann gezielt erneut eine Anzeige, die darauf aufbaut, zu zeigen.

Fehler 4: Der „Beitrag bewerben"-Button

Jeden Beitrag, Post oder Inhalt, den man auf Facebook auf der Seite des Unternehmens einstellt, kann man bewerben. Das bedeutet, man wählt eine Zielgruppe aus, stellt ein Budget ein und dann verbrennt man dieses Geld. Das sollte man nicht tun.

Der „Beitrag bewerben"-Button wirkt natürlich richtig anziehend. Das ist auch absolut verständlich. Wer sich richtig Mühe mit einem Beitrag gegeben hat, möchte auch sehen, wie dieser angenommen wird. Man hat einen richtig guten Text geschrieben, viel Arbeit in das Video oder die Bilder gesteckt und große Hoffnungen in diesen Beitrag gesetzt. Wenn nicht der, wie sollte man denn sonst überzeugen? Wenn dann aber nichts geschieht, wird der Button „Beitrag bewerben" mit einem Mal immer anziehender. Man will einfach, dass die Nutzer auf Facebook den Beitrag sehen.

Warum ist der Button „Beitrag bewerben" nicht der beste Weg für die eigene Werbung? Weil er Reichweite zu einem zu hohen Preis bringt. Der Manager für die Werbeanzeigen hat eine große Anzahl von Funktionen und Einstellungsergebnissen. Hier kann man das Beste aus seinem Geld herausholen. Der „Beitrag bewerben"-Button bringt dagegen nur sehr wenige Auswahlmöglichkeiten. Das schließt die beiden wichtigsten Einstellungen, Budget und Zielgruppe, mit ein. Das bedeutet, dass man mit diesem Button sehr viel breiter gestreut mit einem höheren Kostenfaktor wirbt. Da ist es besser, den Ads-Manager zu verwenden.

Fehler 5: Die falsche Einstellung für das Ziel

Wer eine neue Kampagne in Facebook startet, muss sich hinsichtlich des Zieles gleich doppelt Gedanken machen. Das erste Mal ist es tatsächlich über die Zielsetzung. Die Fehler darüber haben wir schon angesprochen. Das zweite Mal, und um dieses Mal geht es hier, ist es das Einstellen des Zieles im Werbemanager auf Facebook.

Es macht einen Unterschied für eine Anzeige, ob man damit Traffic auf die eigene Webseite bringen, Abonnenten für einen Newsletter oder Leser für einen Blog gewinnen möchte. Die meisten Nutzer machen sich darüber zwar Gedanken, doch sie stellen dann das Ziel nicht bei Facebook ein und das ist ein Fehler, denn Facebook liefert die Anzeigen bzw. optimiert deren Auslieferung im Hinblick auf das falsche Ziel.

Mögliche Ziele sind das Bewerben von Beiträgen, das Bringen von Traffic auf die eigene Webseite, das Erreichen von Menschen in der Nähe des Unternehmens, das Erhalten von Videoaufrufen und noch eine Menge mehr. Auf den ersten Blick erscheint das Auswählen eines Zieles hier wenig Sinn zu machen. Man erstellt seine Anzeige schließlich selbst und bestimmt damit selbst, wie und was sie darstellt. Das ist alles auch richtig, doch es ist Facebook bzw. der Algorithmus auf der Plattform, der bestimmt, wann und wo die Anzeige einem Nutzer gezeigt wird. Wenn zum Beispiel Abonnenten für einen Newsletter gesucht werden, doch man wählt das Ziel „Beitrag bewerben", dann wird die Anzeige nicht daraufhin ausgerichtet, Menschen in das Anmeldeformular für den Newsletter zu bekommen.

Fehler 6: Die Startseite

Eine Anzeige bewirbt etwas. Dieses etwas bringt ein Interesse beim Nutzer von Facebook und animiert ihn, auf den Link zum Unternehmen zu klicken. Geschieht dies, dann wird der Nutzer meistens enttäuscht. Warum? Weil er sich einen bestimmten Inhalt, in Übereinstimmung mit der Anzeige, vorgestellt hat und dann einfach auf der Startseite des Unternehmens landet. Hilft ihm das? Nein, er wird frustriert wieder abspringen.

Eine Anzeige weckt Erwartungen sowohl beim Nutzer von Facebook als auch bei dem Unternehmen, das die Anzeige schaltet. Diese Erwartungen müssen erfüllt werden, denn sonst springt der Nutzer ab und das Unternehmen erreicht nicht sein Ziel. Wie aber bedienen wir die Erwartungen?

Das Unternehmen hat eine Webseite. Auf dieser Webseite stellt sich das Unternehmen allgemein vor. Es erscheint logisch, den Nutzer von Facebook auf diese Seite und dort auf die Startseite zu locken, damit er sich zu allem durchklicken kann, was ihn interessiert. Jetzt aber mal Hand aufs Herz: Tun wir selbst das? Wenn wir nach etwas suchen und dann auf einen Link klicken, der uns Antworten verspricht, suchen wir dann auf der nächsten Seite noch lange weiter? Nein! Wenn wir die Antwort nicht sofort finden, dann verlassen wir die Seite wieder.

Das Unternehmen muss eine Anzeige auf einen bestimmten Zweck hin ausrichten und eine Landingpage liefern, die diesem Zweck entspricht. Die Anzeigenkampagne muss dann einen Link zu dieser Landingpage, nicht der Startseite des Unternehmens, enthalten. Damit kommt der Nutzer sofort dorthin, wohin er möchte.

Nehmen wir ein Beispiel. Ein Onlineshop möchte Sportschuhe verkaufen. Jetzt präsentiert es sich als vertrauenswürdiger Sportschuhladen auf Facebook. Die Leute klicken auf den Link und landen auf der Startseite eines Onlineshops, die Handtaschen, Kleider, Ringe und andere Dinge zeigt. Würden wir hierbleiben? Nein, denn wir haben Sportschuhe erwartet und diese nehmen nur einen kleinen Bereich des Onlineshops ein. Die Anzeige sollte dann nicht auf die Startseite führen, sondern direkt auf die Seite, auf der sich die Sportschuhe befinden.

Für jede Sparte sollte der Shop eine eigene Kampagne schalten und eine eigene Landingpage für die Kampagne bereitstellen. Dann lassen sich maximale Erfolge erreichen. Alles andere bringt nur eine hohe Absprungrate.

Fehler 7: Die Kampagne läuft allein

Die Werbekampagne des Unternehmens läuft nicht einfach nur so. Es ist wichtig, ständig zu verfolgen, welche Anzeigen wie viele Klicks und Conversions bringen. Nur dann kann man reagieren. Sobald man sieht, dass eine Anzeige mehr bringt, als eine andere, sollte man die erfolgreiche Anzeige verstärkt nutzen und die andere Anzeige beenden. Dann baut man auf die erfolgreichere Anzeige auf und startet eine Neue, die diese verbessert. So hat man immer zwei Anzeigen zum selben Thema und kann diese ständig miteinander vergleichen und entwickeln. Natürlich sind auch mehr Anzeigen pro Thema möglich, da aber ein Unternehmen mehr als ein Thema zur gleichen Zeit hat, kann dies den Aufwand erheblich vermehren.

Fehler 8: Kein Facebook Pixel

Das Facebook Pixel ist klein, aber es hat eine große Bedeutung. Es erlaubt nämlich, die Ergebnisse einer Kampagne direkt zu messen und anzuzeigen. Über dieses Pixel lassen sich die Besucher der eigenen Webseite dann auch auf Facebook finden, sodass sie mit Anzeigen bedacht werden können.

Das Facebook Pixel erlaubt die Erstellung von Website Custom Audiences und es erlaubt das Retargeting. Die Nutzung des Pixels ist weit weniger kompliziert, als dies auf den ersten Blick anmutet und es bringt erhebliche Vorteile. Damit lässt sich feststellen, wer wie viel gekauft hat und auch, welche Werbekampagne die meisten Erfolge gebracht hat. All das braucht man als erfolgreicher Werbetreibender, um die bisweilen knappen Mittel auch tatsächlich effizient nutzen zu können.

Die Umsetzung im echten Leben

Wie bei so vielen Dingen im Leben, ist auch eine Facebook-Werbeanzeige kein einzelner Vorgang, sondern ein komplexer Prozess. Solange man diesen aber Schritt für Schritt durcharbeitet, kann man im Grunde genommen nichts falsch machen.

Als Erstes braucht das eigene Unternehmen eine Webseite, auf der es sich und sein Angebot ansprechend und interessant darstellt. Die Seite muss die Nutzer, die durch die Werbeanzeigen auf sie gebracht werden, dort halten und sie dann in einen Kunden verwandeln.

Als Nächstes braucht das Unternehmen eine Seite auf Facebook. Diese sollte immer auf dem neuesten Stand sein und die Nachrichten, Angebote und Geschichten aus dem Unternehmen enthalten.

Sodann gilt es für den Werbetreibenden, für sich zu entscheiden, welche Ziele die Werbung verfolgen soll. Geht es um mehr Reichweite, geht es um mehr Kunden, geht es um den Download einer App? All das sind unterschiedliche Dinge und sie gehören auch in der Werbung unterschiedlich behandelt.

Das Ziel sollte aber nicht nur für den Werbetreibenden bekannt sein. Es muss auch auf Facebook eingestellt werden. Nur so ist es möglich, dass die Anzeige richtig dargestellt wird und die Kosten auf die richtige Handlung berechnet werden.

Dann legt man die Zielgruppe fest. Sobald diese eingestellt ist, kommt das Budget für die Werbung dazu. Im nächsten Schritt geht es um die Anzeige selbst. Das Unternehmen muss die Inhalte einbauen, die nicht nur die Nutzer ansprechen, sondern auch dem Ziel dienen und die Kunden entsprechend verführen können.

Dann muss die Anzeige aufgegeben werden. Aber damit ist die Arbeit nicht getan. Nun gehört das Monitoring eingerichtet und die Berichte ausgewertet. Vor allem für kleinere Unternehmen sollte das Monitoring dazu dienen, Lookalike Audiences zu erstellen.

Über die Nutzer, die tatsächlich auf der eigenen Seite aktiv wurden, lässt sich die beste Zielgruppe von ganz allein herausfinden. Daher ist die Auswertung mit dem Facebook Pixel so wichtig. Die Erstellung von Lookalike Audiences setzt dann die neuen Erkenntnisse laufend und präzise um.

Der gesamte Prozess, von der Vorbereitung, über die Erstellung und Freischaltung bis zur Auswertung ist schnell und einfach zu handhaben, wenn man einmal etwas Erfahrung gesammelt hat. Für Anfänger sieht das Ganze ein wenig Furcht einflößend aus, doch das ist nun mal so, wenn man etwas Neues ausprobiert. Hier gilt es, nicht zu verzagen, sondern stattdessen vorwärtszugehen und die neuen Erfahrungen zu machen.

Mit jeder neuen Runde wird es einfacher. Nicht nur bekommt man die technischen Erfahrungen, man hat auch immer mehr Wissen durch die Auswertung des Traffics und kann dieses Wissen benutzen, um die nächste Anzeige noch besser zu gestalten.

Für einen erfahrenen Marketer kommt zu all dem noch das Experiment dazu. Sobald man seine ersten Sporen verdient hat, fängt man an, die Anzeigen immer ein klein wenig zu verändern, zu experimentieren. So kann man zwei Anzeigen, die leicht voneinander abweichen, als A- und B-Anzeigen schalten. Was davon erfolgreicher ist, beweist, welcher der dabei unterschiedlich gestalteten Aspekte mehr Wirkung erreicht. Dieses Wissen kann man dann in immer neuen Anzeigen und Experimenten verfeinern. Hier sollte man niemals aufhören zu lernen und dann ist der Erfolg ebenso sicher, wie dessen Erhalt über die Jahre hinweg. Anders ausgedrückt, wer die Grundbegriffe erlernt hat und dann ständig mit neuen Inhalten und Darstellungen experimentiert, ist nicht nur einmal, sondern laufend ganz vorn mit dabei.

In diesem Sinne wünschen wir allen Marketern viel Glück und Erfolg bei der Erstellung und Schaltung der Werbeanzeigen, damit dieser sich auch im Unternehmen in einem steigenden Umsatz niederschlägt.

Impressum

Digital Academy wird vertreten durch:

Instyle Supply and Control Limited

20th Floor, Central Tower, 28

Queen's Road, Central, HK

Coverbilder

[creativelog] | [Fiverr]

Haftung für externe Links

Das Buch enthält Links zu externen Webseiten Dritter, auf deren Inhalt der Autor keinen Einfluss hat. Deshalb kann für die Inhalte externer Inhalte keine Gewähr übernommen werden. Für die Inhalte der verlinkten Webseiten ist der jeweilige Anbieter oder Betreiber der Webseite verantwortlich. Die verlinkten Seiten wurden zum Zeitpunkt der Verlinkung auf mögliche Rechtsverstöße überprüft. Rechtswidrige Inhalte waren zum Zeitpunkt der Verlinkung nicht erkennbar. Eine permanente inhaltliche Kontrolle der verlinkten Webseiten ist jedoch ohne konkrete Anhaltspunkte einer Rechtsverletzung nicht zumutbar. Bei Bekanntwerden von Rechtsverletzungen werden derartige Links umgehend entfernt.